AS IT TURNED OUT

AS IT TURNED OUT

DMITRY GOLYNKO

translated by
Eugene Ostashevsky and Rebecca Bella
with Simona Schneider

edited by
Eugene Ostashevsky

UGLY DUCKLING PRESSE / EASTERN EUROPEAN POETS SERIES #17

EASTERN EUROPEAN POETS SERIES #17
SERIES EDITOR: MATVEI YANKELEVICH
ASSOCIATE EDITOR: GENYA TUROVSKAYA
GUEST EDITOR: EUGENE OSTASHEVSKY
DESIGN: DON'T LOOK NOW!

DISTRIBUTED TO THE TRADE AS ISBN 978-1-933254-36-4
BY SPD / SMALL PRESS DISTRIBUTION
1341 SEVENTH STREET, BERKELEY, CA 94710
WWW.SPDBOOKS.ORG

CATALOGING-IN-PUBLICATION DATA IS AVAILABLE FROM THE LIBRARY OF CONGRESS

THIS BOOK WAS MADE POSSIBLE IN PART BY A GENEROUS GRANT FROM CEC ARTSLINK AND BY
CONTINUED SUPPORT FROM THE NEW YORK STATE COUNCIL ON THE ARTS, A STATE AGENCY

FIRST EDITION 2008
PRINTED IN THE USA

UGLY DUCKLING PRESSE
THE OLD AMERICAN CAN FACTORY
232 THIRD STREET #E-002
BROOKLYN, NEW YORK 11215
WWW.UGLYDUCKLINGPRESSE.ORG

NYSCA
New York State Council on the Arts

CECartslink

AS IT TURNED OUT
DMITRY GOLYNKO

INTRODUCTION

As it turned out, the disintegration of the Soviet Union, and of what in hindsight might be called "the Soviet way of life," had the most adverse effects not only upon the Russian-language poetry encouraged by the regime, but also on the poetries that either resisted or ignored the literary and ideological norms set by the state. It turned out that the attraction of underground literature in the USSR was due not so much to its often considerable merits, as to the banal fact of official disapproval. The public, falling head over heels in love with underground literature during the collapse of the very system that made it attractive, soon found other things to do than read poems. The newly publishable practitioners of the newly irrelevant art of poetry generally proved unable to respond to the new world thrust upon them. Those whom the change did not flabbergast into silence, published; appeared on TV; went West for residencies and teaching positions; however, with some exceptions they were finished as poets, in that they now failed to produce any work that was not culturally, aesthetically, linguistically backward-looking. In fact, language acquired such a different, complex and indefinite shape in post-Soviet reality—with mass media, the demands of the market, the new models of state and private coercion, the Internet, etc., not matching the void left by the demise of monolithic state ideology—that one could not even imagine what poetry growing out of this language would look like. Today a new generation of poets has appeared for whom post-Soviet language is, if not native, then at least acquired early enough in life to be handled as poetic material. Although there's no crystal ball that will show us this century's Russian poetry, it will probably be less coherent, looser, blurrier, more self-referential, more open-ended, less genre-conscious; nor is it ever likely to be as culturally necessary as during the Soviet period. Yet, however new Russian poetry might turn out, Dmitry Golynko's confrontation with the new Russian language looks to assume an important place in it.

Born in 1969 in what was then Leningrad, Golynko was in his teens at the start of perestroika, and twenty-two when the USSR broke up. His first chapbook, which includes the first poem in this volume, appeared in 1994. Two longer books, more fully represented here, came out in the 2000s, the second of which, titled *Concrete Doves*, was released by the prestigious Novoe Literaturnoe Obozrenie publishing house. In the meantime, Golynko defended a PhD dissertation on post-avant-garde writing, authored a corpus of astute and complex cultural criticism, and spent two years teaching in South Korea. He is now back in Saint Petersburg. Of the people he sees regularly, American readers of poetry might know Arkadii Dragomoshchenko and Aleksandr Skidan.

In the 1990s Golynko was, like everybody else, a postmodernist, but of the specifically Petersburgian type of postmodernism-qua-eclecticism, where Mandelstam's "nostalgia for world culture" assumed wildly hypertrophic forms, and the distinction between the real and the unreal became altogether abolished. The attitude suited the Yeltsin era since it, as transitional periods often do, produced a pervasive sensation of phantasmagoria in virtually all observers. Instability also invaded the Russian language, which rapidly mutated with the advent of capitalism by absorbing foreign, mainly American, words pell-mell and wholesale, as well as shedding former stylistic distinctions. These linguistic trends had succeeded an earlier one, dating from the fall of the USSR, that built speech out of ironicized quotations from the communist past or the Russian literary canon, thus desecrating the classics of both varieties. Golynko's style in the nineties drew on all these changes by maximizing the frequency of loan words as well as depreciatory literary allusions. His big achievement was to apply his tremendous capacity for literary and linguistic play to reflect upon the phantasmagoria of post-Soviet life and post-Soviet language. The result was texts like "Sashenka" (stress falls on the first syllable), which aestheticized contemporary Russia through an eighteenth-century-as-seen-by-the-early-twentieth-century-meets-cyberpunk prism. Treating high culture elements as if they belonged to consumer culture—for example, by framing literary references as brand names—"Sashenka" ironically replicates the contradictory value systems of the period. The dandyism, camp and *mauvais goût* of the poem are in some ways refreshingly traditional for Russian literature, but the way it mechanizes human behavior shows not so much the psychology of the author as his take on the psychology of the new Russian subject.

In the 2000s Golynko's style changed suddenly and dramatically. Literary allusions vanished. So did virtually all contrast between high culture and low. The texts became less playful, no longer as eager to provide pleasure to the writer and the reader. The pun was gone. The narrator disappeared, with his whining and dining amid de-Sadean braggadocio. So did the plot. Cyberpunk disappeared, derridada disappeared, rococo disappeared, Venice especially disappeared. What appeared to compensate for the disappeareds was naturalism, and a very brutal one at that. Golynko's new naturalism is, first and foremost, lexical. From "Elementary Things" onward, his poetry reproduces the Russian language of the 21st century, the speech of criminality (petty and great), one-upmanship, profiteering, scorn, and the general objectification of human life whether male or, even more so, female. Golynko's ear for such a language and its debasement of the soul, is Dostoyevskian. He reconceives the task of the poet as that of a collector of *la langue de la tribu* rather than its purifier. Composed of motley but equally alienated expressions, the poem turns into an assemblage of found material. This is especially the case with pieces like "Unfounded Offences" or parts of "Founts of Joy" that consist only of idiom-surfing, one brief phrase after another.

Nothing is less conventionally poetic than such language: there's no beauty in it at all. Its terms are as disposable and interchangeable as people or things under the new dispensation. Replaceability is also why the classical causality of plot, formerly used by Golynko as the main generator of text, has yielded to plotless and indefinite seriality. So what his poetry is very good at doing is showing the reader what contemporary Russia is like, especially when seen from the bottom up, or rather sideways. And it also shows that the usual Russian excuse for the usual Russian poop on the carpet—"Yeah, well at least we're spiritual"—is totally bankrupt. Yet the attraction of the poems lies not in their social informativeness—it's not like Golynko is writing satire—but in the way that their language already expresses moral, social and political choices, as a self-portrait of the society that traffics in it.

At the same time, Golynko is also making moves towards more conventional psychological narratives, as in the two episodes of "Founts of Joy"—that of the woman on a nature outing, and of the man scanning his bookshelf. The emotional tenor of these poetic equivalents of photorealism is not concealed anger or feigned indifference; rather, they are absolutely trenchant, and come very close to evoking what it is like to be a particular human being, and not even an intellectual. Since one of the hardest things in art as well as life is seeing others as autonomous subjects and not as aspects of, or deviations from, our selves, in these two pieces Golynko has crossed the line into maturity.

Now, as far as the translation aspect of this volume is concerned, translating Golynko poses unique challenges. If it is not unfeasible to provide the puns of the 1990s with their equivalents, the more recent poems, so dependent for their effect on the changes that the Russian language is undergoing, are a different matter entirely, for the simple reason that American English is not undergoing the same changes, or anything remotely like them. It is Russia that switched its socioeconomic system, not the States. This is why the lexical and idiomatic facets of the translation are so much more neutral than those of the original. It had been suggested that we incorporate more hip-hop slang, for example, but even if we had the requisite linguistic capacity, the materialism of hip-hop English is just not as cynical as the materialism of new Russian.

The above proviso should be counterbalanced by asserting that our translation group did all it could to effect semantic exactitude. We ransacked the blogosphere in those many cases when not only our inner Russian resources but also our dictionaries failed. As the editor, I worked closely with the principal translators to make sure the English corresponded to the Russian. Finally, Golynko liberally contributed both time and energy, spending long summer days cooped up inside with us line-editing his manuscript. Since no translation of this complexity can be immaculate, the editor and principal translators claim exclusive responsibility for all errors that might have crept into these versions.

— *Eugene Ostashevsky*

Florence, December 31, 2007

AS IT TURNED OUT

ПРОХОДЯ МИМО КОСТЕЛА ФРАНЦУЗКОГО КОНСУЛЬСТВА

Вдруг кто-то вошел и сквозь гул голосов
сказал:—Вот моя невеста.
АЛЕКСАНДР БЛОК

1

О Езус, милая, прокляни мое рождество в Год Быдла.
Я имяславцем отсопел твою мессу,
В судьбу твою влез ужом, слинял в нее выдрой,
Под беса косил—девки кликали меня бесом.

2

Крыжовник крал и купальниц в садах города Тарту,
Примеривал щучий костяк краснодеревца-костела
Столпа позвоночного вместо—выпала бита карта...
Мне Матка бозка вручила в длани фиал—расколот

3

На семь частей он: в тверди его отразились
Колотушка судьи Семиной, заунывное карканье «канарейки»,
Митра шишиги, песенка о святодарствах могилы,
Макушка дворца Штакеншнейдера в краснодевичей тюбетейке,

4

Червонный Лесбийский садик, подкованный стан олимпийца
Змее меднозубой тонзуру стригущий копыто-бритвой...
И все это в прошлом. Речь моя святочной спицей
Прошлого ради вяжет попону молитвы:

PASSING THE CHURCH
OF THE FRENCH CONSULATE

Suddenly someone entered—and, through
the din of voices, said: Here is my bride.

ALEXANDER BLOK

1

O Jesu, darling, damn my nativity in the Year of Bull.
A glossolaliac I sibilated your mass,
Garden-snaked into your fate, faded into it like an otter,
Counterfeited a demon—& that's what the dames named me.

2

I stole gooseberries, crowfoots in the municipal gardens of Tartu,
tried on the pike skeleton of the mahogany cathedral
in place of my vertebral column—the card I got, got topped,
the Mammy of God placed into my hands a vial—it shattered

3

into seven pieces: in its firmament are reflected
the gavel of the judge Semina, the despondent cawing of a "canary,"
a wood demon's miter, the ditty about the sacraments of the grave,
the crown of Stakenschneider's palazzo in a beautiful maiden's skullcap,

4

simmering Lesbian gardens, the Olympian torso
horseshoed, tonsuring with hoof-clippers the brazenfanged serpent...
And all this is past. Like a yuletide needle my discourse
knits, for the sake of the past, the caparison of a prayer:

5

....
....
....
....

6

Спали, чернохвостка-дево, мени, ни кровинки-ягненка,
Пусти в колокольной люльке иль на шаре воздушном,
И оберни крест-накрест льняной бечевой пеленки
Под жалобные салюты фортепьяно или хлопушек.

7

Не хватит ни зла мне—(цезура)—ни темненьких сил, ни жеста
На скате жизни жирнеющую точку рябую
Задрочить указательным двуеперстьем:—«Вот моя невеста!»—
И тем превратить ее в крестообразную запятую.

5

....
....
....
....

6

Sear, O blacktail maiden, me-without-a-droplet-of-lamb's-blood,
set loose in a bulbous crib or a hot-air balloon,
with a cord of flax wrap length and widthwise my nappies
to the pitiful salvos of piano-forte or pop-guns.

7

I'll have neither the ire—(caesura)—nor the dark force, nor the gesture
at the decline of life to wank off the fattening, pock-marked period
with a schismatic's pointing diaeresis: "Here is my bride!"
and so turn her into a comma, glaucoma, coma.

[EO]

САШЕНЬКА,
или ДНЕВНИК ЭФЕМЕРНОЙ СМЕРТИ

(1) Герой, его кузено и ди-джей останавливаются в аустерии.
(2) Герой вспоминает о своей пассии Сванетте. (3) Письмо Сванетты.
(4) Персонажи обмениваются анекдотами о своей третьей любви.
(5) Герой рассказывает анекдот о Сашеньке. (6) В аустерию проникают
террористы. (7) Эфемерная смерть персонажей.

1

В ночном такси—блюз флюоресцентного Зообурга!—
в обнимку с моим кузено и ди-джеем найт-клуба «Бункер»
мы неслись курцгалопом по Венскому проспекту
из казино «Ennui», где с везения сняли пенку.
Моё кузено—запястья в нефритовых браслетах—
перстеньками глаз а la Бёрдсли красавцев клеил.
Сколь ни метал бисер греха—никого не закадрил...
Не беда, для таких каналий, как мы, везде кабинет заказан.

2

Мы влетели в трубу позёмки и домну Коломны—
и канали на полной в аустерию «У Солохи».
На Английский вырулили проспект у бутика «Сны Домби»
и затормозили у дома с акантами и ротондой.
Пройдя колоннадой форейторов, официантов и грумов,
заказали фирменный деликатес «Кости этрусков»,
на десерт—суфле «Печенег», и печеный лангуст, и Кьянти,
бифш-текст отбивной и экстра-гарнир к яствам.

SASHENKA;
OR, THE DIARY OF AN EPHEMERAL DEATH

(1) Our hero, his cousino and the deejay stop for a rest at the hostelry.
(2) Our hero remembers Swannette, his passion. (3) Swannette's epistle.
(4) The characters trade anecdotes about their third loves. (5) Our hero recounts
the anecdote of Sashenka. (6) Terrorists penetrate the premises
of the hostelry. (7) The characters suffer an ephemeral death.

1

In the night taxi—O blues of a fluorescent Zooburgh!—
together with my cousino and the deejay of The Bunker, a nightclub,
we bounded in a school gallop along the Viensky Prospect
from the Ennui casino, after skimming the cream of fortuna.
My cousino—wrists in bracelets of jade—sent oeillades
to beautiful boys with eye signet-rings à la Beardsley.
Cast pearls of sin as he might, didn't pick up anybody.
No worry—for rascals like us, there's always a cabinet ready.

2

We jumped into the drain of aboveground and the hose of Kolomna
and barreled full speed to the hostelry Chez Solokha.
Steered onto the English Prospect by the Dombey & Nose boutique
and slammed the breaks in front of the house with acanthuses and a
rotunda.
Passing the colonnade of postillions, waiters and grooms,
ordered the specialty of the maison, Bones of Etruscans,
for desert—Pecheneg soufflé, baked rock lobster, Chianti,
rare beefstext and, to top it all off, Extra Special Garnish.

3

Мы завсегдатаи здесь—меню наизусть знаем…
Провели нас по блату в Колонный зал—латифундию знати.
Поскользнувшись, моё кузено массивным кейсом
чуть не сбил на столике рядом фужеров кегли.
Нас лорнетировали сразу, и от конфуза
мы не замяли—скорей, раздули скандала фузий.
Боливар с широкой тульей уронил я на двух левреток,
от грандамы в манто à la Тьеполо досталось мне на орехи.

4

Успокоив грандаму, подав ей боа из норки,
метрдотель проводил нас в отдельный номер.
Я взгрустнул о своей полусветской пассии Сванетте
и по линии мультитайпа дал ей телефонему:
«Миль пардон, дорогая, толкусь я как чёрт в ступе,
сегодня я пас—приглашён я на ужин с моей креатурой.
Не унывай—у меня в неизменном фаворе будешь,
не проштрафишься, так получишь cadeau—платок оренбургский».

5

В дислокациях связей любовных не был я неофитом,
с меркантильным умыслом я манкировал журфиксом
с каламбурной Сванеттой, поскольку,—грустно и гнусно,—
в отношениях с нею я вёл бухгалтерию двойную.
В ней меня привлекали колкость, казуистика и скепсис,
и манерность барочной черепаховой табакерки.
Я боялся её удержать и боялся её покинуть…
От казуса этого по-мармеладовски раскиснул.

3

We're regulars here—we know the menu by heart...
Our man led us into the Hall of Columns, the latifundium of gentry.
Upon slipping, my cousino with his massive binoculars
almost swiped off the table the ninepin setup of wine glasses.
Immediately lorgnettes were upon us: due to discomfiture
we inflamed, rather than smothered, the fuming Fuji of scandal.
I dropped my broad-crowned bolivar onto a pair of lapdogs,
a grande dame in a mantle à la Tiepolo totally let me have it.

4

Allaying the grande dame, helping her with her mink boa,
the maître d'hôtel escorted us to a separate chamber.
I suffered a stab of regret for Swannette, my demimondaine passion,
and sent her a telephoneme via the toontype connection.
"Mille pardons, darling, I'm milling the air about like a demon,
must pass for today, am invited to dinner with my minion.
Don't lose heart, you'll persist in my immutable graces,
don't botch up and you'll get a cadeau of an Orenburg shawl."

5

In dislocations of amorous liaisons I was no novice,
with mercantile intent defaulted on the *appuntamento*
with my pundit Swannette, inasmuch as—how sad! how base!—
I booked our relations by the method of double entry.
Her sharp tongue was it attracted me, her casuistry and skepsis,
her acting as mannered as a Baroque tortoiseshell snuffbox.
I was afraid to love her and I was afraid to leave her...
In that special state of affairs I outmoped Marmeladov.

6

Перечёл её давешнее письмецо, сумасбродное, под копирку,
на бумаге верже она отпускала шпильку за шпилькой:

Письмо Сванетты
Не бойся, я всё съем! Я не хныкалка! Не брюзжалка!
Не маркграфиня! Тебя буду ждать по законам жанра.
Знать, написана мне на роду к тебе одному валентность,
ты картёжник, ты должен знать, что дама кроет валета.
Тебе меня не сломить—я скорее Эдварда, чем Сольвейг,—
в тебе, как назло, тотемный образ отца спрессован,

7

оттого-то профессор Фройд нашёл у меня комплекс Электры,
прописал мне рецепт—идиллию туристического буклета.
Мы устроились в загородном шале на плиссированном взморье,
после сливок в café-au-lait я лениво ныряла с мола,
иль в сиесту на русской электропечи я жарила гренки,
пока с дрессированным носорогом ты играл в серсо и горелки,
бегал в шлёпанцах фетровых и фланелевой пижаме
за воздушными ящерами по магнолиевой лужайке.

8

Но, словно камни за пазухой, я копила страданья,
когда в первый раз мы расстались—точно не помню дату.
Я тестировала себя—ты мне больше, чем корм подножный,
проводила ножом по разлуке с тобой как по нотам,
против вакуума расставанья мне служила одна вакцина—
киноварь или ляпис речитатива под цитру,
или вечный рефрен отчаянья на ксилофоне.
Как-то в пульмане я отправилась в пансионат на фьорде.

6

Reread her erstwhile epistle, rife with extravagancies, carbon-stained
    verso,
on thick Vergé paper she set down pinprick after pinprick:

    Swannette's Epistle
Don't worry, I'll eat it all up! I'm no whiner, no grouch,
no marchioness. I'll wait for you by the rules of genre.
Apparently I am destined to have valence for you only,
that a queen tops a jack, you, a card man, ought to remember.
You can't break me—I'm more of an Edvarda than Solveig—
as ill luck would have it, you compress the totemic father image,

7

that's why Professor Freund diagnosed me with an Electra complex,
wrote out the prescription: a tourist brochure idyll.
We settled in a suburban chalet on the pleated seaside,
after creamy café-au-lait I lazily dove from the jetty
or during the siesta made toast in a Russian electric oven
while you played hoops and tag with a domesticated rhinoceros,
ran about in felt slippers and flannel pajamas
after pangolins o' th' air on the magnolia lawn.

8

I accumulated sufferings like axes for grinding
the first time we parted—don't remember the date exactly—
was testing myself: you mean more to me than underfoot fodder,
ran a blade up and down the notes of your absence.
Against the vacuum of separation one vaccine availed only—
silver nitrate or cinnabar of a recitative to a zither
or the eternal burden of despair on a xylophone.
I once took a sleeping car to a pension on a fjord.

9

Кастелянша Мисюсь меня проводила в коттедж с мезонином,
на веранде соседнего бунгало продувал ты у вело книппель.
В эйфории свиданья я поняла: никуда от тебя не деться,
не сортируя, сдала я в утиль на liberté надежды.

....

Пойми, привязавшись к Саше, предпочел ты коржик безлюбья,
на льдинку рефлектор страсти навёл, на неё пускал слюни.
Ты живёшь только головой, получая с неё дивиденды,
головастиком ты свернулся в рефрижераторе отчужденья...»
                              (На этом обрывается письмо Сванетты.)

10

Ди-джей ухмыльнулся: «Пока меняют нам скатерть,
о своей третьей любви анекдот пусть каждый расскажет.
Мне,—он скрутил пахитоску «Дым»,—увы, похвастаться нечем,
в сентябре я встретил свою каргу, в ноябре обвенчался с нею».
«Моя третья любовь,—кузено чуть смазал голову гелем,—
тенор Марио из Мариинки, увы, оказался не геем».
Фальсификации фабриковать—мой коронный номер,
я смюнхаузил анекдот о своей третьей зазнобе:

11   *(Анекдот о Сашеньке)*

Содержала салон на Фурштатской белокурая фройляйн,
Сашенька фон Штайн, сибаритка в ореховой робе,
точь-в-точь статуэтка из саксонского фарфора—
перед ней фанфаронил апрельским котом в ботфортах.
В её майорате служанок женевская команда
на ножах с камарильей капитанских мамок,
в лакейской они от зари до зари катят бочку
на дуэний и бонн, выписанных из-под Бонна.

9

The linen-matron Missus showed me to a cottage with a mezzanine,
on the veranda of the adjoining bungalow you inflated a bicycle tire.
In the euphoria of the encounter it hit me: I can't escape you,
didn't sort aspirations for *liberté*—threw them all into the recycler.

....

Can't you get it, becoming attached to Sasha you preferred the flatcake
    of lovelessness,
aimed the reflector of passion at an ice cube, it was that that you
    drooled for.
You live only by intellect, raking dividends from it,
like a tadpole you curled up in the refrigerator of alienation..."
    (Here Swannette's epistle comes to an end.)

10

The deejay smirked: "While they change our tablecloth,
let each recount an anecdote of his third love, *amore terzo.*
Unfortunately," he rolled a Smoke cigarette, "I have nothing to brag of,
met my hag in September, married her in November."
"My third love," my cousino spread a globule of gel on his hair,
"was Mario, the tenor from the Mariinsky. Alas, he turned out not queer."
To fabricate falsifications is my first-string forte,
I munchausened an anecdote about my third sweet-thang.

11   *(The Sashenka Anecdote)*

There was a salon on Furshtatskaia kept by a flaxen-haired Fraulein,
Sashenka von Stein, a sybarite clad in a robe of walnut,
might be mistaken for a statuette of Saxony porcelain,
for her I strutted my stuff just like a puss in the boots in April.
Her estate had a Genevan squad of serving girls,
sworn enemies of the camarilla of captains' mammies,
from dawn to dawn they tell tales in servants' quarters
about *dueñas* and *bonnes*, ordered from Bonn by mail.

12

Её салон—и гвоздей сезона, и знаменитостей мекка—
считался самым престижным в зообургском предместье.
Не хуже татарина я навязал себя к ней на фриштик,
оставил визитку её мажордому и через день был принят.
Фон-бароном расселся на бархатном пуфе под горкой
с портативной пудреницей и бонбоньеркою сарагосской.
С концертной развязностью светского льва или зубра
заложил ногу на ногу у камелька, стилизуясь.

13

Я не штопанный синий чулок с аффектацией авантажной,
даже более того—ни на зубок никаких аффектаций.
Два часа я отмалчивался, загадочен, как ребус,
пассакалию паузы выдержать с точностью до—мое кредо.
Прислонясь к шифоньерке из Арля, теребил арлекинный лацкан,
пока прощелыгам и пшютам подавала Сашенька лапку.
Сам герр профессор Фройд на балу был свадебным генералом,
соблюдая менторский тон, брал он гаерским нахрапом.

14

За ломбером критик Марсель Пижон тратил острот резервы
на последний мой фельетон в «Обсценной газете».
Он недолго глумился над стилем моим, попивая «Фанту»:
я побагровел, как вареный рак, потребовал сатисфакций.
Саша меня охладила, пригласив на тур экоссеза:
«Оставь, пти-креве Марсель подтрунивает над всеми,
у него moqueries и насмешек неисчерпаемы ресурсы,
хотя человек он не злой—просто светский по сути.

12

Her salon, the mecca of stars in season and celebrities,
met with the highest acclaim in Zooburgh suburbs.
Unwanted as tartar I forced myself on her for *Frühstuck*,
left my card with the majordomo and gained admittance the next day,
like some baron sat down on a velvet pouf beneath a vitrine
with a bonbonnière from Saragossa and a portable powder-box.
Unceremoniously as a social lion or bison during a concert,
I crossed my legs by the fireside, enacting a stylization.

13

I am no darned-up bluestocking with affectations imposing
or, even worse, as natural as an infant.
Two hours I said nothing, mysterious as a rebus,
to observe the passacaglia of pause exactly until—is my credo.
Leaning against an Arles chiffonnier I worried my harlequin lapel
while Sashenka offered her paw to coxcombs and swindlers.
There was Herr Professor Freund himself, like a general at a country
        wedding,
striking the pose of a mentor, forcing his jokes on the guests.

14

At ombre the critic Marcel Ibataire cracked his reserves of facetiae
against my latest feuilleton in *Obscenity Daily*.
Not for long did he jeer at my style while drinking Fanta:
turning red as a boiled lobster, I demanded satisfaction.
Sasha cooled me down with an invitation to an ecossaise:
"Let him go, *petit-crevé* Marcel makes fun of everyone,
has inexhaustible resources of moqueries and *bon mots*,
although he is not a bad man—only essentially social.

15

Вон валетом пикирует Герман Г., нынче—граф Нулин,
он вступил в мезальянс с престарелой графиней ради её внучки.
Сплюсовались в нем Гарри Галлер и Гумберт Гумберт,
и Свидригайлов, конечно,—а себя-то в нём с нос гулькин.
Вон знаменитый поэт—добрый малый и милая душка,—
бомонд легко обвести вокруг пальца репутацией дутой,
он ломал из себя дурачка ради паблисити лет десять,
и вот незадача—он дурачком стал на самом деле.

16

В «амазонке» себя афиширует Лизонька, бедняжка,
в chronique scandaleuse не раз она имя своё запятнала.
На козетке кокетничает она с коррупционером из крупных,
он из гильдии спонсоров, но ещё требует раскрутки.
Вон шерочка и машерочка явились, не запылились,
Дима Эстет—пассивный, а Митечка Сноб—лидер...»
Вволю сыпала Саша аттической солью сарказма,
сельтерскую с эскимо поднёс нам лакей-бойскаут.

17

Пока в болеро крутились, на неё произвел атаку,
как форель, на спиннинг соблазна её подцепить пытался.
В апогее хорошей игры с приторной миной
вливал с хладнокровьем понтёра в соблазна миксер
две-три порции обаянья и нежности микстуру,
две-три капли «боль-тоник», чтоб желания ступор
встал, как драже монпансье, колом поперёк горла—
и плотину эту снесёт шампанское «Russian Golden».

15

Here stoops Hermann H., jack of all spades, as of late Count Nullius,
misallied with an elderly countess for the sake of her granddaughter.
He summates in himself Harry Haller and Humbert Humbert
and Svidrigailov, of course—though he's barely taller than Thumbellina.
There's a famous poet—a good soul and a well-meaning fellow—
it's easy to flimflam our beau monde with an inflated reputation,
he played the fool for publicity's sake for about a decade,
and—what a sad turn of events!—became a fool in earnest.

16

Pauvre Lisa is the one parading in the Amazon-style riding habit,
more than once did she sally her name in our *chronique scandaleuse*.
She coquets on the couch with a considerable corruptionist,
a member of the Sponsors' Guild but still in need of PR.
And there go *mon cher* and *ma chère*, arriving without a snag,
that's Dima Aesthete, the passive, and that's Mitia Snob, the active..."
Sasha scattered the attic salt of sarcasm freely,
the boy scout lackey brought us seltzer and ice cream bars.

17

While we revolved in a bolero, I undertook an attack upon her,
tried to angle her like a trout with the spinning rod of temptation.
Putting a cloying mien on the apogee of a good turn
with the sang-froid of a punter I poured into temptation's mixer
two-three measures of charm and a mixture of tenderness,
two-three drops of pain tonic, so that the paralysis of desire
should rise and stick in her throat like fruit drops—
that dam to be carried off by sparkling wine, Russian Golden.

18

Крепкий, увы, орешек соблазна мне на зубок попался.
Я откланялся до срока, чтоб не растратить пафос.
В сновиденьях той ночью я рисовал себе магнетической гуашью,
как мы с Сашенькой занимаемся философией в будуаре.
Чуть свет заложил на воздушной подушке аэрокарету,
к Саше проник, избежав от привратника репрессий.
На свиданье Свана с Одеттой заложен был томик Пруста,
рядом с ним Саша медитативно раскладывала руны.

19

Всеми фибрами страсти я целовал её локон,
эсминцами губ проводил по ней без радаров и лоций,
........................до эпидермического спазма,
и анестезией уст я уткнулся в холодный панцирь
кожи, а дальше её, сколь ни скребись, не проникнуть,
как не войти, хоть води наждаком, в реликт фотоснимка.
Но локаторы страсти моей что-то недоброе пеленговали,
с улыбкой она отстранилась, промурлыкав чуть виновато:

20

«Понимаешь, всё очень просто и сложно одновременно,
я не свободна в своих пределах—в своих, заметь-ка.
Во мне все веянья извне фильтрует внутренняя таможня,
все они обречены на унизительный ритуал досмотра.
Шлагбаумом путь перекрыт всему, что в дрожь бросает,
можешь меня презирать—я своей рукой подписала
декларацию независимости моей от моих желаний,
и пошлина счастья (прости, каламбур)—за спокойствие плата.

18

Alas, 'twas a hard nut of temptation that struck my incisor.
I took leave before my time was up, not one to dissipate pathos.
That night in my dreams I painted with magnetic gouache
how Sashenka and myself study philosophy in the boudoir.
At dawn I harnessed my aircarriage on aircushions,
entered her chambers, successfully skirting the concierge's repressions.
A volume of Proust being bookmarked at Swann and Odette's meeting,
Sasha meditatively sat over runes, telling fortunes.

19

With every fiber of passion I osculated her ringlets,
led gray destroyers of lips over her without radars or portolanos,
....until epidermal spasms,
labial anesthesia coming to rest at the cold carapace
of skin—scratch as you might, you cannot penetrate past that,
just as an emery board won't admit you into a photograph.
My passion's radiolocators indicated a problem,
she pulled away with a smile, purring a mild *mea culpa*:

20

"Please understand, it's all simultaneously complex and simple,
I am not free within bounds—the bounds of myself, get it?
All stirrings from without are filtered within me by inner censors,
all of them doomed to the humiliating ritual of customs inspection.
A traffic barrier blocks the way to anything that instills tremors,
contemn me if you will—with my own hand I signed
my declaration of independence from my desires,
and duty of happiness (pardon my pun!) is my payment for peace of mind.

21

В мой уравновешенный мир контрабандой ты не проникнешь,
мой вердикт: окончательное «найн»—и не смей тут при мне
  хныкать...»
Мне был безупречный её отказ как дезертиру—карцер,
королю—гильотина или больному—канцер.
Да, Сванетта права, грызть мне безлюбья коржик,
калорифер страсти уже не фурычит, впал в коллапс.
Как мегатонны тротила, мне поднимут отчаянья градус
льдинка на левом виске—Сванетта, Саша—на правом.

22

Мне влетел в копеечку сказочный тип «снежная принцесса»,
даже зашкалив на верхней риске, ни Фаренгейт, ни Цельсий
не отогреют меня—я наложил на желанья вето,
тем самым себе выписав одиночества вексель.
Я знал: панацея от боли—к Сванетте вернуться,
но на транс-иберийском экспрессе утром она ускользнула.
В кэбе гнался за ней трое суток по диснеевскому автобану,
от досады снял я в мотеле Барби, куколку из бара,

23

до денницы её обрабатывал—как целину фермер,
заведя в супермаркете чехлы от любовных инфекций.
Барби была образцовая табула раса без свойств и качеств,
тут Сванетта в дверь постучалась—и занавес я опускаю...»
        (На этом обрывается анекдот о Сашеньке.)
Закруглился на полуслове, на пикантном концовку скомкав,
с брезгливою скукой ди-джей предавался меренгам с кофе.
Моё кузено развёл руками, козинаком иль крекером хрустнув:
«Никто не знает, как сложится приключения структура».

21

You won't enter as contraband into my equilibrium,
my verdict for you is a final *nein*—and no sniveling with me here..."
Her stainless rebuff appeared to me like a jail to a deserter,
a guillotine to a king, and, to a patient, cancer.
Yes, Swannette is right, I must gnaw the flatcake of lovelessness,
the radiator of passion is busted, it had a breakdown.
Like megatons of TNT, they'll raise the temperature of my despair,
Swanette, ice cube on my left temple; Sasha, ice cube on my right.

22

That fairy-tale type, that Snow Princess cost me a pretty penny.
Even stuck on the uppermost mark of the scale, Celsius or Fahrenheit
won't defrost me—I've placed a veto upon desires,
thereby presenting myself with the invoice of loneliness.
I knew: to return to Swannette would be the panacea for pain,
but on the Trans-Iberian Express she gave me the slip that morning.
I raced after her in a cab for three nights and three days over the Disney
        Autobahn,
then, irritated in a motel, picked up Barbie, a bar doll,

23

toiled over her till crack of dawn like a farmer tills virgin soil,
after buying protection against love bugs at a supermarket.
Barbie was the quintessential *tabula rasa*, without qualities or
        characteristics,
at this point Swannette knocked on the door—but here I lower the curtain..."
        (*Here the Sashenka anecdote comes to an end.*)
I rounded off in the middle of a sentence, crumpling up the risqué ending,
the deejay surrendering to meringues and coffee in finicky boredom.
My cousino made a vague gesture, crackling with a cracker or honeyed
        walnuts,
"Nobody ever knows how the structure of an adventure might fall out."

24

Вдруг террористов труппа в лакричных чулках вместо масок
балюстраду и залы прошила очередью автоматной.
В пуленепроницаемых смокингах марионеты
сняли и часовых-гайдуков, и телохранителей-кнехтов,
проникли сквозь лаз на крыше, просверлив дрелью шифер,
зондировали—где бы разжиться партией гашиша.
Бригадир тренированных террактеров скомандовал «пли», и
тапёр успел только взять септ-аккорд на стерео-роялино.

25

В полминуты задали всему сабантую огнестрельного перца,
гендиректора АОЗТ «Ленинцест» убрали, как пешку,
мафиозных тузов и тенора Марио взяли на мушку,
уложили их в штабеля музейной коллекцией мумий.
Только менеджер Сильвио, обладая сокольничим глазомером,
из рогатки купца Калашникова отстреливался метко,
двух малют сбил дуплетом и на мрамор сибирский рухнул,
в зале Колонном осталось одно бланманже трупов.

26

Заперлись мы на буфер засова, возвели баррикаду
из бутафории столика-бобика и платяного шкафа.
Лакированной силой прикладов и каучуком подмёток
проломил баррикаду пикет молодчиков-монстров.
Оказался моё кузено не кремень, а штафирка,
смахнули его перекрестным огнём, как пустую фишку.
За ди-джея с дюжиной ран сквозных я б не дал ни полушки,
от смертебоязни прыснула у него малофья из тайного уда.

24

All of a sudden a terrorist troupe—for masks they donned licorice nylons—
stitched through the halls and the balustrade with a burst of machine-gun
    fire.
Marionettes wearing bulletproof eveningwear
took down the sentinel hajduks and the landsknecht security detail,
penetrated through the manhole on the roof, drilling below through
    the slates,
sounding for opportunities to procure a hashish shipment.
The brigadier of the trained terractors gave the command to fire—and
the piano player barely struck the seventh chord on the stereograndpianino.

25

In thirty seconds they peppered the bacchanal with lead hot jalapeños,
took the CEO of Lenincest, Ltd., off the board like a pawn,
set their sights on the mafia aces and Mario the tenor,
stacked them up in a museum, among its collection of mummies.
Only the manager Silvio, he with the eye of a falcon,
returned fire—and successfully—with the slingshot of the merchant
    Kalashnikov,
due to a doublet, downed two dudes, then collapsed on Siberian marble,
just the blancmange of corpses remained in the Hall of Columns.

26

We locked ourselves in with a latch, building a barricade
of props: an armoire and a curvy-legged Queen Anne table.
The picket of monster goons rammed through the barricade
with their varnished rifle butts and rubber boot soles.
My cousino turned out to be made not of flint but of civvy fiber,
crossfire flicked him away like a worthless counter.
I wouldn't give a cent for the deejay—a dozen times they shot through
    him—
in fear of death, semen spurted from his secret member.

27

Как всегда невовремя, мнимая смерть мне протекцию оказала,
и своим патронажем напрочь мне спутала все карты...
В газомёт я вставил кассету и разрядил обойму,
сквозь керамику дымохода пытался прорваться с боем.

По медиа-рации вызвали трубочистильщика на подмогу,
он прицелился из швабринга—я раскинулся на подмостках
возле суфлёрской будки...

27

Inopportunely as always, sham death took me under protection,
and its patronage totally scrambled up all my cards.
I inserted a cassette in the gas projector, then emptied the cartridge,
trying to fight my way through the ceramics of the flue.
They summoned the aid of a chimneysweep on a radiamedia,
he took aim with a schwabring—and I sprawled on the boards
right next to the prompt box...

[EO]

ЭЛЕМЕНТАРНЫЕ ВЕЩИ

ЭВ 1

элементарные вещи
много места не занимают
видно, это формула современности
занимать места немного
если место причинное оно
соприкоснется с чем-нибудь посторонним
если место задымлено без огня без причины
ему сподручней с ничем соприкоснуться
потому-то элементарная вещь такая дурында
будто ее полжизни держали в дурдоме
окончательно сбили с панталыку
но элементарные вещи не так-то просто
сбагрить с рук и упечь в кутузку
они меняют места проживанья
прежде, чем место себя заметает
подобно гаметам они

ЭВ 2

к элементарной вещи подбирается тузик
чтоб помочиться, иль просто обнюхать, облаять
но элементарная вещь не протестует
лежит себе на припеке, не шелохнется
элементарной вещи хватает ума и такта
ума у нее ухоженная палата
цветочки в горшочках, много житейской дряни
элементарная вещь задумана о смерти
о ее мифологии и физкультуре

ELEMENTARY THINGS

ET 1

elementary things
don't take up a lot of space
that must be the formula of modernity
not to take up a lot of space
if the place is procreative it
will come into contact with something foreign
if the place spews smoke without fire or cause
it's handier for it to come into contact with nothing
that's why the elementary thing is such a ninny
as if it got kept half its life in the nuthouse
discombobulated completely
though with elementary things it's not so easy to
send 'em packing, lock 'em up in the slammer
they change their places of residence
before the places manage to cover over
like gametes they are

ET 2

spot steals up to an elementary thing
to pee on it, sniff it out, bark at it
but the elementary thing doesn't protest
lies where it's warm, doesn't stir
the elementary thing has the brains and tact
a well-tended house of brains
flowers in pots, lots of assorted crapola
an elementary thing conceived about death
about its mythology and physical fitness there's

ничего утешительного, грустного, смешного
кубатурное стояние ни карачках
обременительное пополнение знаний о
элементарные вещи всегда на службе
у самих себя, и капля
крови, темнеющая на элементарной вещи
не ее проблема—месячных у них не бывает

ЭВ 3

к элементарной вещи приходят гости
и она начинает чувствовать
нет в ней стыда, нежности и приязни
нет злости, презренья—стрижка
ее красит, почти канатка
она небрежно рассаживает гостей
предлагает им закурить, выпить
элементарная вещь гремит посудой
пользуясь высококлассным средством
она незаметно для всех раздвигает ноги
наклоняясь, в них не видит изъяна
давным-давно ее некоторые обзывали
паршивкой, другие пампушкой
улыбаясь неровными верхними зубами
элементарная вещь произносит любезно
посмотрите, аутодафе в разгаре

ЭВ 4

элементарная вещь отправляется на рынок
уцененной белиберды, покупает
на распродаже что-нибудь приятное и полезное
анафему или любовь

nothing comforting, sad or funny
standing on all fours, in cubature
onerous augmentation of knowledge about
elementary things are always on duty
towards themselves, and the droplet
of blood showing on an elementary thing
isn't its problem—they don't get periods

ET 3

guests come to visit an elementary thing
and it begins to feel it
has no shame, tenderness, bias towards
has no anger, disdain—it looks good
in that hairdo, almost a buzz cut
casually shows them to their seats
suggests they have a drink, cigarette
the elementary thing makes dishes clatter
using a high-class liquid
inconspicuously spreads its legs
bending down, sees no defect in them
long ago some people would swear
a bitch, others tootsie
smiling with uneven upper teeth
the elementary thing invitingly says
look, the auto-da-fe is smokin'

ET 4

the elementary thing heads for the market
of discounted trash, purchases
something pleasant and practical at a sale
anathema or love

товар беспрецедентно быстро приедается
он подвергнут обструкции, закинут
в корзину из низкопробного пластика
элементарная вещь что-то ломает
наверное, руку помощи свыше
элементарные вещи всегда одиноки
хотя и прикованы все к одной точке
то попарно, то поочередно
одиночество, одиночество—это что
осведомляется элементарная вещь у
это знакомо, отвечает
подкатывая немотивированной рвотой

ЭВ 5

если угрожать элементарной вещи
не выкажет себя трусихой и паникером
с обидчиком поведет себя нагловато
дерзко, запанибрата, о пощаде не пикнет
от неуверенности, можно подумать
но в чем быть уверенной элементарной вещи
кроме самой себя; если в ней
что-то кипит внутри—это не страх
не готовность к самопожертвованью
не стремленье к подвигу, к беспокойной жизни
элементарные вещи всегда спокойны
спокойствие перенимают у них ноги
если сорвется на крик элементарная вещь
не терпенье иссякло, это крик радости
победы: ей зачтены прошлые прегрешенья
экземы возмездья можно не опасаться

the goods satiate with unprecedented speed
are subjected to obviation, flung into
basket of inferior plastic
the elementary thing breaks something
must be the arm of help from on high
elementary things are always lonely
although all chained to the same point
either by turn or in pairs
loneliness, loneliness, what's that
an elementary thing addresses
that's familiar, answers
rolling out unmotivated vomit

ET 5

threaten an elementary thing
won't show chicken feathers or yellow belly
will act cheeky with its offender
impudent, familiar, won't breathe a word of mercy
because of insecurity, one might think
but what can an elementary thing be secure about
other than itself, if there's something
on the boil inside it, it's not fear
not openness to self-sacrifice
not yearning for heroism, for unquiet life
elementary things are always calm
it's their calm that their legs inherit
if an elementary thing lets a cry escape
it's not that patience ran out, it's a cry of joy
of victory: past sins have been racked up to its account
the eczema of vengeance need not be feared

ЭВ 6

элементарные вещи живут вне человека
состояние вне—их конек и хобби
в человеке зарыто нечто от элементарной вещи
в этом—его величье
но человек намного крупнее элементарной вещи
это его делает проходным и неинтересным
один эмигрант еврейского происхожденья
на гудзоне смотрел в глаза элементарной вещи
не отводя взор, потупиться было небезопасно
но будучи увлечен прибылью нарциссизма
продвиженьем в искусстве, приростом классической формы
в элементарной вещи он маленький объект л. увидел
а любил он себя, хоть красив и не был
а элементарные вещи всегда красивы
и не жалуют прилипчивое телепанье
непрошенных иммигрантов

ЭВ 7

у элементарной вещи, в принципе
смазливая приятная мордуленция
вот подкатывает к элементарной вещи
она не ломается, легкодоступна
для быстрого и конкретного проникновенья
если с элементарной вещь этим заняться
не подхватить от нее дурного
не причаститься неизведанным рефлексам
не поперхнуться инъекцией наслажденья
элементарная вещь все делает на славу
слаженно, профессионально, с подъемом
лихачески и ершисто
после она отправляется пописать,

ET 6

elementary things live outside the human
being outside is their fad and hobby
something of an elementary thing is buried
in a human being, therein his greatness
but a human being overshadows an elementary thing
that's what makes him a thoroughfare, uninteresting
one emigrant of jewish extraction
looked into the eye of the elementary thing
on the hudson, without looking away, would have been unsafe
but enthralled by the return on narcissism
advancement in art, accretion of classic forms
in the elementary thing he saw the *objet petit a*
he loved himself, though was not good-looking
whereas elementary things always are good-looking
and don't give for the tiresome shilly-shallying
of uninvited immigrants

ET 7

in principle an elementary thing
has a ducky, agreeable physiognomy
now rolls up to an elementary thing
no putting on airs, it's easily available
for rapid and concrete penetration
if that thing is done with the elementary thing
nothing nasty can be caught from it
no communion with unexplored reflexes
no choking over the shot of pleasure
the elementary thing delivers excellence
consistently, professionally, enthusiastically
with zest and pizzazz
afterwards it goes to make pee-pee

пропадает надолго, похабное распевая
оторопелым зрачком разглядывает
трещинку в притолоке

ЭВ 8

элементарная вещь подвергается экспертизе
проходит в приемную, затем в душевую
здесь элементарная вещь дрочит
не от желания, для порядка
повыкобениваясь немного
она дает свой пульс и прочее нащупать
ложась на эфемерную резину
элементарная вещь почерк имеет
не фигурально, в прямом, сексуальном смысле
сперва берет его сзади
сосредоточенно дышит
затем сбоку
затем засыпает
графологический анализ после почерка вскрытья
следов насилья, оставленных элементарной вещью
не обнаруживает

ЭВ 9

элементарная вещь, сидя дома
смотрит гонконгское мочилово
пожалуй, ей бы тоже хотелось
хоть она в этом не признается
синхронно палить из восьми пистолетов
якшаться с мафией накоротке
перевозить наркотики шито-крыто
лапать и тискать певичек в барах

disappears for a while, singing bawdy
examines with a bewildered eye
the crack in the lintel

ET 8

the elementary thing undergoes a medical
enters the reception area, then the shower
here the elementary thing jerks off
not because it wants to, that's how it's done
plays hard to get for some time
lets its pulse and everything else be felt
lying on ephemeral rubber
the elementary thing has its hand
not figuratively, but in the direct, sexual sense
at first takes it from behind
concentrating on breathing
then from the side
then falls asleep
graphological analysis following the dissection of hand
reveals no signs of violence
left by the elementary thing

ET 9

the elementary thing sitting at home
watches a shoot-'em-up from Hong Kong
well alright, it too would have liked to
although it doesn't admit it
blast out of eight pistols at the same time
hang all friendly with the mafia
run dope hush-hush
pinch and paw chanteuses in nightclubs

рисковать не хухры-мухры своей шкурой
встревать в дилеммы семейной мести
принципиальностью, мужеством похваляться
черта лысого ей такое везенье
элементарные вещи движенью чужды
стоит элементарной вещи сместиться, дать крена
стоит кубарем покатиться
сразу брякнется о себя

ЭВ 10

элементарная вещь брезгует снами
в детстве, после ими ленится обзавестись
отец, мать, братик, сестрица
для элементарной вещи одно лицо неизведанно
она счастливо миновала комплекс эдипа
и в суицидальный не встряла
но поговаривают, сплетни разносят
у ней объявился символический папуля
перед ним на цырлах она, паинька и тихоня
затихохорилась мелкой соплячкой
незамедлительно ее так наказывает
что мордобитье, побои кажутся конфеткой
тумаков от него днем с огнем не дождаться
конфузливо она стоит на закорках
рассчитывая, что повлекшая ее появленье
на свет овуляция не состоится

ЭВ 11

элементарная вещь денежку копит
приумножает по зернышку сбереженья
естественно, в евро, не в национальной валюте

put its skin on the line no bullshit
meddle in dilemmas of family vengeance
show off manliness and high principles
the hell it's getting it, no such luck
elementary things aren't ones for movement
should an elementary thing shift, lean
tumble head over heels
it'll whack into itself right there

ET 10

an elementary thing disdains dreams
in childhood, afterwards too lazy to get some
father, mother, brother, sister the same
unexplored person for the elementary thing
it successfully skirted the oedipus complex
never got snared in the suicidal
but they say, rumor has it
it now got itself a symbolic papa
acts all mannerly with him, goody-goody, nice-nelly
does the ferretty-poo, the tinny sniveler
right away he punishes so
that blows and beatings feel like bonbons
can't get a couple of cuffs out of him
the elementary thing does the plough
reckoning the ovulation responsible
for its appearance in the world won't take place

ET 11

the elementary thing saves moolah
stores up savings grain after grain
obviously in euros not in national currency

не на черный день, на комфортный отпуск
она в авиалайнере зажата между
выскочками-скобарями, ордой пенсионеров
и городской компьютерной интеллигенцией
на пляже она прогревает косточки
косметикой перышки чистит, ждет принца
чтоб с голливудской улыбкой, бицепсом бычьим
чтобы подъехал, поострил, отвел на евродиско
заплатил за коктейли, окрутил, взял силой
и волшебной палочки ударом
изничтожил ее непритыкнутую элементарность
но принц не появляется—в купоросном море
белеет гунявый парус виндсерфингиста

ЭВ 12

элементарная вещь футболит большую идею
забивает ее с размаху в новые ворота
один даже на имплантантах не игрок на поле
но элементарная вещь сама себе воин, волчок, овен
подбивает очки штрафные
довольна, спешит к дачному корпусу
улыбаясь на плес, мельницу на косогоре
развалюху овина, щиток электричества
на крыльце котики преклонного возраста
на застекленной берендейной веранде
зальцбургский стул, персональный компьютер
она вне зеркала расстегивает лифчик
перед заходом в душевую кабину
обнажается бутафория, камуфляж, фэйк тела
элементарная вещь бальзамом и пемзой
в обычной воде не отмоет

not for a rainy day, for a comfy holiday
there it is in the airbus squeezed among
parvenu ironmongers, horde of pensioners,
and urban computer intellectuals
it warms to the bone on a beach
plumes with makeup, waits for the prince
with hollywood smile and bullish biceps
who'd drive up, make jokes, escort to a eurodisco,
pay for cocktails, entice, force
and with a stroke of his magic wand
annihilate its rootless elementarity
there's no prince to be seen—in the vitriol-colored sea
a white stain, the crappy sail of the windsurfer

ET 12

the elementary thing plays ball with the big idea
kicks as kick can into a brand new goal
even with implants, one doesn't make a team
but the elementary thing is a team unto itself, a top, a ram
it lines up penalty kicks, is content
hurries to the summer retreat housing complex
smiling at the broad river, the hillside windmill
run-down barn, fuse box
aged seals commune on the stoop
on the glassed-in folkyesque veranda
salzburg chair, personal computer
outside the mirror unhooks its bra
before enters the shower cabin
baring the props, the camo, the f/x of the body
the elementary thing can't wash off
in ordinary water with balsam and pumice

ЭВ 13

элементарная вещь, не поскупившись на тест
обнаруживает, что беременна, уже срок вполне
не впадает в оторопь, усердно корит себя за
неосторожность; с ней не могло такого случиться
виновник известен, радоваться тому или один черт
кем будет отпрыск—шоумэном, астронавтом
ученым или такой же элементарной вещью
накидывает пуловер, спускается в подземку
мутит от кацапов, сумятицы сабвея
до конечной станции явно не дотянуть
переждав состав, она шандарахается в туннель
где не ступал рифленый ботинок обходчика
пауки, трансформаторы, слизистая дребедень
гадесова вонь, сколопендры, слизни, гигантские кладки
дожевывая зазевавшегося муравья-мутанта
она становится элементом проводки

ЭВ 14

элементарная вещь на кремнистой дороге
одна, все при ней—хвостик с кисточкой, рукавицы
кругом рытвины, бугристые колеи, буераки
звезды, и каждая—такая сучара
кисельное семя, вышедшее из берегов
невдалеке частокол пятиэтажек
там любящие руки готовят ей клецки
сырники, что-нибудь постное иль мясное
элементарная вещь на довольствии гужует
житуха скудная, но грех колупаться
элементарная вещь спотыкается, летит в тартарары
конспективный курс географии ада
поверья из трех мировых религий

ET 13

the elementary thing doesn't skimp on the test,
discovers it's pregnant, the term already
doesn't fall into torpor, industriously reproves itself for
carelessness; how come, never have happened
the culprit is known, cause for rejoicing or same shit
what becomes of the offspring—showman, astronaut
scientist or another elementary thing
throws on a pullover, goes down below ground
feels sick from the peeps, the chaos of the subway
clearly won't last to the final stop
waits for train to pass, then bahbolts into the tunnel
where no trackman ever set his rubbersoled boot
spiders, transformers, mucilaginous junk
stench of hades, centipedes, slugs, gigantic nests
chewing down a hare-brained mutant ant
it becomes an element of the wiring

ET 14

the elementary thing alone on a rocky road
got everything with—mittens, tail without fail
there's potholes around, elevations, ruts, gullies
stars, each of them such a humongous bitch
milky seed flooding the shore
close-by—a palisade of five-story buildings
loving hands there are molding dumplings
cheese pancakes, something meaty or vegetarian
the elementary thing lives it up off of
not much of a life, but a shame to chafe
the elementary thing trips, tears down to tartarus
a brief course in infernal geography
superstitions from three world religions

изобаты огня, муссон раскаленного горнила
из кожзаменителя аксессуары, трамтарарам
кама-сутры, куда внесены значительные коррективы

ЭВ 15

элементарная вещь мастер-класс проводит
балует слушателей ординарным ликбезом
учит—если их поволокут, выпроводят пинками
не оттопыриваться, не упираться
элементарная вещь перед ними откроет космос
там все искусственно, все короткой строкой
научпопа—зодиакальная мутотень
снизу солярные знаки
сбоку лунарные символы
затяжные циклы посвящения в
элементарная вещь подчинению учит
склоненные выи, регламент, ордена, юбиляры
после занятий она тамадой энтузиастичной
алаверды произносит за правительственные реформы
элементарная вещь привязана к власти
обратное сомнительно

ЭВ 16

иногда элементарные вещи бывают злыдни
грубиянки, отбривают пристал с ходу
еще те колючки, по детски раскипятятся
элементарные вещи серчают на
хорохорятся—заезженные драндулеты
они злоязычные язвочки с перчинкой
палец им в рот положи—отпрянут
не запереть их в курятнике иль овчарне

isobaths of fire, monsoon from a white-hot forge
imitation leather accessories, hullabaloo of kama-sutra
significantly corrected

ET 15

the elementary thing teaches a master-class
spoils listeners with regular fundamentals
teaches—if they're dragged, ushered out with kicks
not to insist, not to flash their colors
the elementary thing opens unto them a cosmos
there everything's imitation, in the style of
sci-pop digest—zodiacal backwash
solar signs below
lunar symbols to the side
long cycles of initiation into
the elementary thing teaches obedience
reclinated necks, regulations, medals, anniversaries
when class is over, like an enthusiastic emcee
motioning "all yours," pronounces for governmental reforms
the elementary thing feels sentimental about power
the reverse is questionable

ET 16

elementary things can be pissy
nasties, take pests down a peg in mid-motion
also prickly, go zero to sixty like children
elementary things resent
strut their stuff around—hackneyed jalopies
they are, evil-tongued ulcers with a jalapeño
stick a hand in their mouth and they recoil
can't lock 'em up in a hencoop or sheepfold

они с тем еще норовом курочки иль овечки
чего то им не хватает: молодости, гран-приза
игры в Doom, поддавки или угадай-ка
не дано им сочувствия, спеси, благодати и гнуси
антропоидных, в зрачок закапанного антрацита
пригодного образованья, червоточины, сглаза
чего-то им не хватает, чтоб не быть юмореской
чтобы выбраться из этой клоаки

ЭВ 17

элементарная вещь уважает бедность
логики, языка, бомжика, иного
многие птицы повымерли и ослепли
не только ласточки, но и трясогузки
пеночки, зяблики, коростели
перечитывает орнитологический атлас
повывелись толкачи и разносчики-пострелы
элементарной вещи пора свинчивать отсюда
пока кто-нибудь не пришпандорил
укладывает комбинации в чемодан
осведомлена, никуда не поедет
много лет за собой шпионит
машинально приближается к фрамуге
под обстрелом можно держать всю верхотуру
если б не апофатика, все бы сдохли
в мусорный бак отправляет что осталось

ЭВ 18

элементарная вещь избавляется от марафета
от патины имиджа, от накипи супер эго
от коросты я, после сбрасыванья личины

hens or sheep, they still got some character
always feel something lacking: youth, first prize
doom 3, checkers, charades
never got compassion, snobbery, beatitude, baseness
are anthropoid traits, nor anthracite eyedrops
suitable education, worm in the moral apple, an evil eye
always feel something lacking to avoid being a funny bunny
to crawl out of this cloaca

ET 17

an elementary thing respects the poverty
of logic, language, the homeless, so on
many birds have gone dead and blind
not just swallows but also wagtails
warblers, chaffinches, corncrakes
rereads the ornithological atlas
the pushers gone extinct and the madcap hawkers
it's time for the elementary thing to skedaddle
before somebody took care of it
packs slips into the suitcase
has been notified, going nowhere
spies on itself for many years
unthinkingly approaches the transom
the whole attic can be kept under fire
if not for apophasis, they'd've all kicked the bucket
sends whatever's left into the garbage bin

ET 18

the elementary thing rids itself of makeup
patina of the image, scum of the superego
scab of the I, after unmasking

становится не сложней, намного элементарней
независимо кто она—санаторная бабуся
двенадцати лет дьяволенок и херувимчик
испитое чмо, респектабельная аспирантка
с расшатанным мостиком старая дева
молодая садистка—все шансы на рост карьерный
ее вызывают на ковер, на планерку
вставляют по самое втык, выговор выносят
строят и грузят ее придирчивым нагоняем
пока элементарную вещь совсем не прижучат
она прихорашивается, в диакритике
преуспевает, скользит на поверхности
не думает о главном

ЭВ 19

элементарные вещи проявляются в танце
этому ее обучил заратустра
у нее маленькие уши, цвет мака
это она переняла у ариадны
недуги и хвори элементарной вещи
несерьезны, понятны и малоопытному клиницисту
обследование предстоит, очередь к логопеду
за лингвокоррекцией последнее слово
к чему конвульсии и корчи такие
в девять лет—диатезы детства
девятнадцати лет—любимица факультета
к сорока—склонна к чеддеру и камамберу
замужем за обеспеченным баламутом
в шестьдесят и т.д. радуют внуки
элементарная вещь в колумбарном проеме
закручена гопаком или фанданго

becomes not more complex, much more elementary
irregardless of who—sanatorium granny
twelve-year-old devilangel
drunken bloat, respectable grad student
old maid with wobbly dental bridge
young sadist—has every chance for a rapid rise
they call it out on the carpet or to an office meeting
give it to it, tell it off, issue a reprimand
peck at it, nick at it, set it straight, load it down
till they totally have the elementary thing fetch, roll over
spruces itself up, succeeds
in diacritics, glides along the surface
doesn't think about essentials

ET 19

the elementary thing shows itself in dancing
as zarathustra taught it
has small ears, the color of poppies
as adopted from ariadne
the ailments and disorders of the elementary thing
insignificant, clear even to a green clinician
checkup forthcoming, queue at the speech therapist's
last word belongs to language correction
why such cramps and convulsions
at nine, childhood diatheses
at nineteen, voted most popular
at forty, disposed towards cheddar and brie
wife of a well-heeled rascal
at sixty and so on, delights in grandchildren
the elementary thing in the columbarium maw
twists in a hopak or fandango

ЭВ 20

элементарная вещь чего-то себе шаманит
окружает себя талисманами, парочкой амулетов
после того события возвратилась в город
в руки взяла подобие фомки
выронила, на тахту повалилась
вперилась в паспарту
элементарная вещь разводит длинные ноги
снова сдвигает, ничего не происходит
рулет пережарила на маргарине
тонкой пластины «жилетта» не отыскать
заглотала тетраэдры таблеток
знамение, незаменимое для сказителей
приступы магической рвоты
белое яйцо орфиков покатилось
после того события, той в пригород поездки
элементарная вещь уже не позволяет

ЭВ 21

элементарная вещь перед конфирмацией
спускается к лугу, к пойме, к откосу
все, что следует знать об элементарной вещи
у нее нетварная, морбидная, неживая природа
элементарная вещь всегда имитирует что-то
реже себя, чаще папского нунция, сатрапа
старика-настоятеля или мачеху-маньячку
по обычаю, нелюдей иль культурных героев
иногда подражает обездвиженному истукану
в рядно обряженному кадавру
лектору в аудиторном почете
иногда гусарит, обмахивается доломаном
носит чекмень, на ободе водоема

ET 20

the elementary thing does some hoodoo voodoo
surrounds itself with talismans, a couple of amulets
after that event it came back to town
picked up a kind of jimmy
dropped it, collapsed on the couch
got fixated on the picture mat
the elementary thing spreads its long legs
brings them together again, nothing happens
burned the meatloaf on margarine
can't find the thin gilette blade
gulped down tetrahedron pills
an omen, indispensable for epic singers
paroxysms of magical vomit
the white egg of the orphics rolled
after that event, that trip outside the city
the elementary thing no longer allows

ET 21

the elementary thing prior to confirmation
descends to the meadow, the floodplain, hillside
what should be known about the elementary thing
it has an increate, morbid, inanimate nature
the elementary thing is always mimicking something
rarely itself, more often the papal nuncio, satrap
old father superior or stepmother maniac
usually monsters or cultural figures
it sometimes imitates an immobilized idol
cadaver tricked out in sackcloth
professor basking in auditoria
at times struts like a hussar, fans itself with a dolman
wears a cossack coat, on the rim of a reservoir

она—кувшинка, лилия, цветочки святого
элементарная вещь ведет образ жизни приятный
чисто контемплятивный

ЭВ 22

элементарные вещи селятся в городах
типа L.A. или Токио, но побольше
они горожане до мозга костей
до берцовой, до фиолетовых прожилок
элементарная вещь в городе растворяется
так в цейлонском чае кубик рафинада
так феллах или водоискатель в сухом горизонте
они выбирают себе города побогаче
в Риме среди эдилов и центурионов
им было б комфортней, но Рим давно уж не тот
в городе масса полезных возможностей для
элементарной вещи—к примеру
завоевывать чью-то любовь, постигать науки
гнаться за счастьем, они предпочитают глазеть на
цинковый водосток, пока не окочурятся
трупики в мусорном караван-сарае

ЭВ 23

элементарные вещи
занимают пустое и видное место
высокопоставленный чиновник из них отличный
они грамотеи и полиглоты, не подавая виду
они понимают что хочешь: санскрит, вульгату
речюгу глухонемых, агглютинативный
язык, эсперанто, сленг—но с изнанки
прикидываются недоумками

it's a water lily, madonna lily, the little flowers of a saint
the elementary thing leads a pleasant kind of life
purely contemplative

ET 22

elementary things settle down in cities
like LA or Tokyo, but vaster
city dwellers to the very marrow
of the femur, the intricate lilac veins
in the city an elementary thing dissolves
thus a sugar cube in ceylon pekoe
thus a fellah or dowser on a desiccated horizon
they pick the wealthier cities
in Rome among aediles and centurions
they'd have been more comfortable, but Rome is not what it used to
cities offer heaps of useful opportunities for
an elementary thing—for example
win somebody's love, gain knowledge
chase happiness, they prefer to gape at
the zinc drainpipe until they croak
little corpses in a caravansary of offal

ET 23

elementary things
occupy an empty and conspicuous place
make excellent high-ranking officials
can read and write, speak several languages, without admitting to
they understand anything: sanskrit, the vulgate
deaf cant, agglutination
esperanto, slang, but from the inside
simulate dunces, give

выдают себя за полудурков, за недалеких
недотыкомок, такова их политика внедренья
будь они экспедитором иль атаманом
их за инаковость водворили бы в каталажку
не с бухты-барахты они осуществляют
этапы диверсионного замысла
сделать каждую вещь элементарной
всем стало бы легче

ЭВ 24

элементарная вещь всего на свете дичится
боится—заставят отзывчивой быть, чадолюбивой
боится—превознесут, облекут в яхонт, оникс, яшму
иль надругаются, превратят в писсуар, парашу
все, что с вещами делают нелепо, преступно
но неизбежно, на то вещная воля
нет для нее экологов, чтоб заступились
постоять за себя, порыпаться считает бестактным
для нее акватинта уничиженья дольче
а то просто сделают, доведут до ума, до страсти
вытолкнут в талую старость, неказистое детство
возьмется какой лудильщик или ловчила
фельдшер, ювелир, программист, чудик
сделают из нее ухищрение или функциональный
мазок интерьера, лонжерон, а то и бивни
протыкающие

ЭВ 25

элементарная вещь сама себе табулятор
сама устанавливает пробелы, разграниченья
итерации, сама приуготовляет кошницу

themselves away for halfwits, dullard
bugaboos, such is their politics, they're sleepers
as head clerks or head bandits
they'd have gotten tossed in the can for otherness
not haphazardly do they put into practice
in stages their diversionary scheme
to make each thing more elementary
would make life easier for everybody

ET 24

the elementary thing bolts from everything
fears they'll force it to be sensitive, child-loving
extol it, dress it in ruby, onyx, jasper
or degrade it, convert it to a urinal, slop bucket
whatever gets done to things is absurd, criminal
but unavoidable, such is the will of things
the elementary thing has no ecologists to intervene for it
considers self-defense, squeaky wheeling tactless
finds the aquatint of self-abasement *dolce*
or else they'll just do it to it, bring it to sense, sensibility
out it into slushy old age, homely childhood
some tinman will show up, or wheeler-dealer
paramedic, jeweler, programmer, weirdo
make a contrivance out of it, a functional
detail of the interior, girder, or even tusks
sticking through

ET 25

the elementary thing is its own tab key
sets spaces by itself, and borders
iterations, prepares its own basket

самостоятельность ее вздорный, пробивной козырь
никто не упрекнет элементарную вещь
что дала не тому, кифаредом ли погнушалась
постелилась под бездаря—это ее пунктик
никому не давать отчет за свои выкрутасы
за тремор сближенья, выкинутое свинство
заносчивое шалопайство—такая кривляка
элементарная вещь, что копилочка алфавита
фривольных пустот, всегда занятых меж собою
любопытство к элементарной вещи может быть
удовлетворено, если с ее стороны имеется
взаимное любопытство

independence its capricious, go-getter trump card
no one upbraids an elementary thing for doing it
with somebody off, whether cold-shouldered a coryphaeus
laid under a numbskull, its trait is
to give account to no one for its crotchets
for the tremor of intimacy, behaving like a pig
flippant thoughtlessness—such a poseur
is the elementary thing, like the piggy-bank of the alphabet
of frivolous voids, always occupied with each other
curiosity towards the elementary thing may be
satisfied if from its direction exudes
reciprocal curiosity

[EO]

ФАВН И НЕКИЕ

фавн и нежный

если фавн—женщина, знающая
живая привязанность, глубинное чувство
душевная близь, tutti frutti
втемяшится, пыжится, пырхает
и никнет в полное оледененье
вакханка обмахивается тирсом
при перезагрузке скрипты полетели
нежный высвобождается от поножей
в житницу сыплется

фавн и некоторый

фавн—образец декупажа, фигура
разума, косточка малларме
отсебятина, заграбастанное нечто
фавн—женщина в возрасте
взысканья мерзотного, часика счастья
пронырой и шмукозой она шарит
где-то вне, границ не покладая
повинуясь внутреннему трезвону
некоторый—ее неразумье

THE FAUN AND A FEW

the faun and the unfeigned

the faun—perhaps a woman, who knows
true attachment, inner feeling
nearness in the soul, tutti frutti
takes hold in the mind, chirps, spurts
bows towards absolute freeze
Bacchante fans herself with her thyrsus
the fonts freaked during reinstallation
the unfeigned steps from her greaves
pours to the granary pours

the faun and the unknown

the faun—a work of découpage, a figure
of reason, the bone dice of Mallarmé
self-speak, a trinket stolen
the faun—a woman in age
questing after nastiness, an hour's pleasure
groping like *macher* or schmuck
out there, ignoring borders, tirelessly
obedient to the chime of inner bells
the unknown—her unreason

фавн и неприкасаемый

фавн—женщина, но не каждая
неприкасаемый—тоже не всяк мужчина
хлюпик, рохля и мачо отметаются сразу
равно неженка, трудоголик
или мямля, с места в карьер приставала
у неприкасаемого и фавна ничего
не получится—это издалека видно
тут не нужен экстраординарный опыт
херачить им незачем вместе

фавн и небесный

фавн—женщина безоблачная
легкая на подъем, с тату на локте
улыбка Баала, три сефирота
сверхъестественное по шарам ей
парусия ее не прельщает
религия, опиумная настойка
одни гэги, саспиенс не броский
небесный не обессудит
всепонимание тоже поза

the faun and the untouchable

the faun—a woman, but not everywoman
the untouchable—likewise not everyman
wimp, runt, macho are brushed off at once
also the sissy, workaholic
mumbler, and right-off-the-bat harasser
between untouchable and faun
it can't work out, that's clear enough
takes no great insight
they've no reason to hack it together

the faun and the unearthly

the faun—a cloudless woman
light on her feet, a tattoo on her elbow
the smile of Baal, three sefirot
the supernatural does not thrill her
the second coming has no draw
religion, tincture of opium
only gags, suspense not gripping
the unearthly does not judge
complete understanding—also a pose

фавн и неуч

фавн—женщина, обученная
с высоким IQ, с будущим
амбиции не переморить, не тараканы
профессиональная хватка—задаток
устойчивого благополучья
неуч ее пропесочит
объяснит, что почем, с какой стати
такой срач разведут вместе
очередников опять прокатили

фавн и недотепа

фавн не чуждается героизма
героизм бывает индивидуальным
когда спокойствием жертвуют ради
прихоти, взбрыка, минутной блажи
недотепа всегда рад получить плюху
при героизме корпоративном
служат престижным элитам, общей идее
героизм пушкаря, журналюги, вахтера
в бузу встревают не просто так

the faun and the unschooled

the faun—an educated woman
with a high IQ, with a future
ambitions won't be poisoned like roaches
professional grasp—an advance
on stable income
the unschooled deconstructs her
explains, what gives, what for
they make such a mess together
the housing list people screwed again

the faun and the unwieldy

the faun does not shun heroism
heroism can be individual
when calm is sacrificed
for a whim, a slap, a momentary fancy
the unwieldy is always glad of a smack in the face
under corporate heroism
they serve the prestigious elite, the general idea
heroism of the gunner, grubstreeter, security guard
don't mix so easily in scandal

фавн и нечаянный

фавн—обновленная версия
человека, большая булавка
торчит острием в небо
нечаянный—усеченная версия
того же самого, но без хазы
без раздобытой дури
они друганы, кирзачей пара
текстовой редактор завис над
кадуцей погоняет

Фавн и неряха

фавн не бежит жизненных тягот
такая трудяга, челнок и уток в паре
подожженная гать, сполотый мятлик
мездра, обработанная споро
фавн—женщина в поте лица
неряха совсем иного калибра
за собой не следит, матросит
занюхивает чем придется
думает о своем, об учиненном
насилии, нигде особенно не заметном

the faun and the unexpected

the faun—an updated version
of a human, a giant safety pin
twists its tip to the sky
the unexpected—a curtailed version
of the same, without no stash
no cheap weed
they're buds, like a pair of boots
the text-edit crashed on
waving Hermes' staff

the faun and the unkempt

the faun doesn't flee life's burdens
such a trooper, weft and warp a pair
seared bog, crabgrass torn up
a pelt, incompletely cured
the faun—a woman in the sweat of face
the unkempt entirely another sort
doesn't look after himself, plays fast and loose
sniffs whatever comes along
thinks about his own, about committed
violence, not really noticeable anywhere

фавн и непочатый

фавн—затасканная, из отчаянья
женщина у плетня, звуки тальянки
заняться ли составлением флорилегий
или в загон, в сатирову драму
склонна к быстрым, твердым решеньям
конструктивным, немного фатальным
отправляется за продуктами питания
фавн если делает, то с проглотом
непочатый сплевывает

фавн и неумека

фавн умеет заботиться о
приободрять, казаны драить
нужные бланки заполнять
изменять кому-то, когда невмоготу
сосать карамельки и барбариски
грызть косхалву, перебирать щавель
кэш изымать из хлипенького банкомата
неумека тоже совсем приобвыкся
разевает варежку когда надо

the faun and the unbegun

the faun—threadbare, from despair
a woman at the fence, accordion sounds
could work on assembling florilegia
or make for the corral, the satyr play
bent on a swift, certain solution,
constructive, slightly fatal
sets out for provisions, nutrition
the faun, if she does it, swallows
the unbegun, always spits

the faun and the unskilled

the faun knows how to look after
cheer up, scrub a pot
fill out the necessary forms
betray someone, when it's unbearable
suck caramels and cherry drops
nibble on halvah, clean fennel
get cash from the beat-up bankomat
the unskilled is also completely used to
breaking it down, when necessary

фавн и неказистый

фавн—женщина только-только
молодая, уже страшится старенья
боится—морщинками пойдет, обрюзгнет
сплошные болячки, клиника всякая
воз и ныне там, ни одной бороздки
неказистый позволяет фавну себя
поцеловать, нахмурив лобешник
если бы все тогда состоялось
сколько такому цена

the faun and the unendowed

the faun—a woman, ever so
young, already scared of getting old
she fears, wrinkles will come, and flab
sores everywhere, everything clinical
the cart is still there, not one furrow
the unendowed allows the faun
a kiss, on crumpled brow
if all this were to happen
what would be the price

[RB]

УВАЖАЕМЫЕ КАТЕГОРИИ

некоторая категория

некоторую категорию принято уважать за
неприглядный, скандалезный характер, за
просвечиванье сквозь жалюзи, за
бултыханье в помоях, кораблик по темзе,

принято, но не всегда, взмах шемизетки,
с ноги спадает следок, кучкуются
возле района бедствия, выплаты мизерные,
кунаки на отдыхе, что им до горби, до кучмы им,

глюконата немного, такое чудилово
с прической из бразильского сериала,
давненько в отключке, и где-то в надире
все перемололось, и панову оправил,

предел мечтания крестника – киска у благоверной
своего крестного, проливается шампусик
на ковролин, секонд хэнд продают на вес и
поштучно, и шмотье все сумбурно

разбросано при переезде

THE REVERED CATEGORIES

the whatever category

it's customary to revere the whatever category for
its rumpled, scandalous character, for
that light between the blinds, for
that splashing in the dishwater, a toyboat on the Themes,

customarily, but not consistently, a chemisette flaps,
an ankle-hi slips off a foot, a cluster
gathers at the disaster zone, miserly wages,
amigos on break, what's Gorby to them, what's Kuchma,

a little bit of gluconate, some kind of freakshow
with a hairdo from a Brazilian telenovela,
been blacked out for a while now, at the nadir somewhere
everything was ground to dust, the dreamcoat straightened out,

the godson's wildest dream: the pussy of the goodwife
of the godfather, shampooski pours
on the carpeting, secondhand clothes sold piecemeal
or by the pound, and schmattes, in shambles,

scattered during the move

категория одичанья

уважаемая категория, по чесноку, ни на,
уплетает мюсли, сашими недешево, урюк
недорог, менеджер среднего звена
заправляет брючину, и с плеч груз,

домашние лары куда-то дел, заховал,
миллионщик гонит себе черный нал,
come on, детка, трави и трагизм давай,
стягивай треники, идет под трибунал

террорист-недоумок, где-то кобзарь
околачивается, оттопырилась шахна,
что-то искрится между двумя – азарт,
вожделенье, стыдоба, свою паремию знай,

пускай отсосет, кругалями грязюка и резь
ресничная, забулдыгу в ступор вогнал,
родные пенаты, гнетущий напал стресс,
усталость не то что горгулья, но так страшна,

и скука смертельная

the category of dereliction

the revered category, with honesty, not Nestea,
chows down muesli, pricey sashimi,
cheap dried apricots, a mid-level manager
adjusts his slacks, the weight off his back,

mislaid, misplaced the household gods,
the millionaire does dirty laundry,
come on, baby, dole out the tragedy,
pull down those sport shorts, a terrorist-ignoramus

goes before the tribunal, a folksinger
lounges around somewhere, the pussyhair bulges,
something sparks between the two—ardor,
lust, shame—know your Gospel,

suck my dick, mud all around and eyelashes
cutting the eyes, drove the drunk into a stupor,
home sweet home, oppressive stress attack,
exhaustion's not a gargoyle exactly, but as frightful

and fatally boring

категория искренности

уважаемой категории не до пикника,
открутил кранчик, сорвался с цепи,
прыжок из окна,
для стульчака привычное пи-пи,

искренностью страдают верхогляд, гомофоб,
лимитчица, вертихвостка, увы, тупик,
забрили надолго, расквасил вне плана лоб,
в зюзю ли развезло, ничего, проспись,

аспирина таблетки, гитовы большой размер,
только ради слезы, чтоб ее окропить,
ушел в самоволку, противится смерд,
холоп, челядинец, из масла пихт

ванный раствор, крошится асбест,
слили того мужика, пьянчужка вопит,
любовь, сострадание, заводка, былого месть,
все что-то не то – из вольера тапир

поглядывает с недоверьем

the category of sincerity

this revered category can't spare a moment
twisted off the spigot, broke from the chain,
a leap from the windowsill,
same old peepee on the toilet seat,

those who strive for sincerity: the lightweight, homophobe,
out-of-towner, bimbette, alas, dead end,
a high 'n' tight for the long haul, brow bloodied beyond the call,
drank himself gaga, okay now, go to sleep,

aspirin tablets, heavy rigging in the sails,
all this for a tear, so as to sprinkle it,
he went AWOL, resists—that serf,
varlet, lackey, a bubble bath

of fir tree oil, asbestos crumbles,
the guy got sacked, the wino hollers,
love, compassion, freakout, déjà vengeance,
it's all somehow not right—from his cage the tapir

gazes in disbelief

категория жалости

уважаемую категорию не купишь на лесть,
шатапнись, кому говорят, а не то,
потрясенье великое, вот байда, и куда полез,
собирай бебехи и топай, ментовка

сигналит, взрывается стадион, мелькает койот,
где-то звучит авлодический ном,
это речь современного человека о,
плющит сильно, о бархат скребет ноготь,

власяница, холудина, заправляет архонт
мистерией, всех заметелили, нагнись
и не хнычь, с привкусом алюминия Холстен
не дает покоя, и под венец, развели гниль,

подзарядил мобильник, за упряжкой каюр
не доглядел, багровые тернии, подшофе
все невесомей, прибирает каюту
персонал, все протухло, чей-то портфель

с пожеванною обшивкой

the category of pity

in this category, you won't get anywhere with flattery,
shut your trap, you-know-who, or else,
big tragedy, such crap, what's that hand after,
get your things and move it, the cop car

signals, stadium explodes, coyote flickers,
somewhere tones the nome of the aulos,
it's the speak of modern man about,
all strung out, oh, a fingernail scrapes velvet,

a hairshirt, a toadie, the archon rules
the mysteries, they all got busted, bend over
and don't whine, Holstein with an aftertaste of aluminum
won't leave you be, off to the altar, the rot spread,

charged up the cell, the sleigh driver didn't
watch the dogs, bloody thorns, under the influence
everything's weightless, the staff cleans out
the ship's cabin, all gone foul, someone's briefcase

with chewed-up trim

категория кажимости

категория уважаема, не дурилка картонная,
столько нежности, и просекает фишку,
спала жара, опустели стогны,
зря сгоношили, занятия фитнессом

впрок, поймали чертягу, компания псов у
санаторного флигеля, проценты фиг вам,
для полоскания йод раствори с просодикой
вместе, материальные трудности задвинуты

до лучших, с кутенком возился, опричь вон той
близорукой боли ничего вокруг нет,
око смыкается, зашел в интернет, стрижкою
похвасталась перед, тут недостача крупная,

две-три колобашки в печи, и молебен
отстоял, девичий лобок, хлебалово
открыто, вкуснятину приготовил, следуют
одни неприятности, и тот кореш прибавил,

завидев хулиганье, в скорости

the category of seemlikeness

a revered category, not a cardboard dummy,
so much tenderness, hits the nail on the head,
the heat subsided, the plazas emptied out,
a waste of effort, a fitness workout

can't be bad, snagged the devil, a pack of hounds
on sanatorium grounds, no cut for the likes of you,
mix iodine with prosody for a good gargle,
material challenges have been postponed

for better days, fussed over a puppy, besides
that nearsighted pain there's nothing here,
the eye closeth, got on the web, bragged about
her new hairdo to, there's a serious deficit down there,

two-three buns in the oven, stood through
the service, the maidenly pubis, the open
gob, he cooked up a little something, only
nastiness to follow, that buddy of his,

on seeing the thugs, sped up

категория снисхожденья

уважаемая категория не требует жертв,
в картридже пересохло, отчаянья жест
захолонул, наготове сычуг, невротичный тик
донимает, официанту положен типс,

идентичность не та, цевница, отбит антрекот
неплохо, рискованно это, решай, на кой,
мириться с этим, все равно надоест,
умник нашелся, перфоратора треск,

с амвона не стыдно, не выносит на нюх
разливочную, набухался и не уснуть,
чудика подлечили, придурочный тамада
зарапортовался, в ризнице холодно, «томагавк»

нацелен на юго-восток, конечный тупик
исчерпывает себя, разбодяженный напи-
ток не в тему, выступает хамло
не в тему, причетник хмурится, и дело-

то, что приласкать лодыжку

the category of condescension

this revered category does not claim victims,
dried up in the cartridge, the desperate gesture
frozen, maw at the ready, a nervous tick
aggravates, the waiter gets tips,

not quite that identity, panpipes, a well-pounded
steak, this is risky, decide what-the,
make peace with it, get fed up either way,
oh, what a wiseguy, the crackle of the drill,

shameless at the pulpit, can't stand
pubs, got smashed and can't sleep,
the weird dude got fixed up, the halfwit toastmaster
barks up the wrong tree, it's cold in the sacristy, the Tomahawk

aims southeast, the dead end
exhausts itself, a watered-down drink
seems off topic, the lout drones on
off topic, the friar frowns, big deal

to pet an ankle

категория сближенья

категория сближенья, утренняя пробежка,
положенье отчаянное, пересуды пойдут,
женщина роковая, триппер, залёт, лежбище
котиков, пищалка и тарахтелка, одно ду-ду

придушенное, без нажима детская пропись,
рекомендации юзерам, изморозь на, тьфу,
ты-то зачем, христосовались, мелко укроп
накрошен, такой отморозок, и дату профукал,

уровень тестостерона, вклинилась ананке,
губы ищут кого-то, бушлатник ли
поет, бескозырник ли, второгодник банан
получил, атональность, клинамен отлива

нервирует, ушкуйник свистит, вал
ворочается, где-то заутреня, тазепам
принят, пианино «Красный октябрь» на свалку
выносят, спецовка задрана, обостряется память

о сближении с кем-то

the category of intimacy

the category of intimacy, a morning jog,
the situation's desperate, there will be gossip,
a femme fatale, gonorrhea, knocked-up, the breeding ground
of seals, squeak-thing, rattle-thing, one hoo-hoo

gone mute, third-grade cursive without pressure,
recommendations for users, hoarfrost on, shit,
what are you after, thrice-kissed in Christ, dillweed
crushed fine, what a numbskull, missed the date,

the testosterone level, ananke kicked in,
lips search for someone, is the prisoner
singing, is the mariner, the kid who stayed back
got a banana, atonality, the clinamen of the ebb tide

causes anxiety, the river pirate whistles, the shaft
turns, somewhere: matins, ingested benzodiazepine,
the Red October piano gets hauled out
to the dump, the uniform yanked up, sharpened the memory

of intimacy with somebody

категория влипанья

категория впиливанья, влипанья,
двое в зиндане, визга-то, близится спад

экономический, подрядчики облажались,
в моде наебки, обидно, не до держав,

рисовал обнаженку, нужда донимает,
«Гжелка» прогреет, выбор губных помад

не богат, перемолото жито, брусок подрезан
словно по оселку, чего разбежался, на треть

уменьшился профит, поскрипывают риги,
зря обнадежил, облапил, касатка или стриж

вспархивает, пеана наезд, перекачал программу
с платника, бодр тимпан, аккуратисты в тетрадь

заносят всякое, вывалилось из кофра
что-то кубарем, коноплей затарились, корм

с эмульгаторами вреден, делание карьеры
отнимает все время, и на удивление трезв

вчера изрядно поддавший

the category of stuckiness

the category of yuckiness, stuckiness,
a twosome in the clinker, freakin' shriekin', economic crisis

approaches, the contractors couldn't pull it off,
screwing people over is in style, a pity no time for empires,

drew a nude, poverty exasperates,
glass of Gzhelka will warm the gut, the choice of lipsticks

is not so great, the grain is milled, the whetstone honed,
it seems, on the sharpening block, why so wound up, the profit

dropped by a third, the threshing barns creak,
reassured in vain, pawed up and down, a swallow or swift

flies out, harassed by paean, ripped a program
off of payware, the tympanum sounds upbeat, compulsive types

note it all down, in a flash, something tumbled out
of the coffer, scored a bag o' weed, feed

with emulsifiers is poisonous, career building
takes so much time, surprisingly sober for being

plastered yesterday

[RB]

НАПРАСНЫЕ ОБИДЫ / НЕКОТОРЫЕ ОСОБЕННОСТИ / НАПРЯЖЕННЫЕ ОЖИДАНИЯ

она отдана

она отдана другому мужчине
не раз и не два, но не в том сисипюси,
видак барахлит, пора бы в починку
снести его, сильно приплюснут

нос у того чучмека, прорежена гречка
небрежно, не выпендреж гусарский,
она отдана, дембеля рукоблудят, млеко
сочится, пиццы прогорклые слайсы

шелушатся, полиомиелитные детки
в санатории, в клинче сцепились, джипси
попрошайничают визгливо, от горя деться
некуда, она отдана, двужильным

и тем не стерпеть, опустили
ниже уровня плинтуса, патлатый
музмен что-то бубнит, с тыла, текстильный
комбинат простаивает, сглаты-

вал и отхаркивал, за кордоном
все та ж лабуда, она отдана, надои
повышаются неуклонно, карман дырявый
не залатать, не вырулил дяденька, прядью

помавает, прошляпила шайка-лейка
свою удачу, в углу стригунок-малолетка

UNFOUNDED OFFENCES / SOME PECULIARI-
TIES / TENSE EXPECTATIONS

she has been given

she has been given to another man
not one time, not two, and there's no coo-chee-coo
the video player trips, about time
to take it to the fix-it, that gook's nose

is all smushed flat, the buckwheat
carelessly cut, no hussarski antics
she has been given, demobbed soldiers masturbate, the milk
oozes, slices of soured pizza

exfoliate, the poliomyelitis kids
in the sanatorium, locked in clinch hold, gypsies
shrilly beg, no way to get away
from grief, she has been given, even tough guys

can't bear it, made him eat humble
pie, a messy-haired band member
mumbles something, from behind, the textile
combine stands idle, swallowed

and hucked, across the border
it's the same damn thing, she has been given,
the dairy yield grows higher and higher, can't mend
those holey pockets, the old guy stayed

under, flips back his hair, the gangsters
blew their luck, in the corner the filly

разревелась, в тимбукту спешка
ни к чему, она отдана, портупея

поскрипывает, два пиррихия, такая
херня, кривоватый кеннинг у скальда
складывается, она отдана, паромщик
наводит мосты с пассажирами, кролик

так удава и не увидел

опыт не прибавляет

опыт не прибавляет, с будильника
содрана кожа времени, озноб, обжегся еще раз,
сила и мудрость причем, такое мудилово,
что за любовь, улыбочка с прищуром,

смердяковщина, кряква, буханка нарезана
наспех, после смены народ ломанулся,
троглодиты, с балаболкой миндальничал, жезл бы,
посох и свиток, здорово шизанутый

водила лихачил, о перепихе вякнула
второпях, опыт не прибавляет, парня
охомутили, мундштук, арапник, в связях быть
поосторожней, на нем лица нет, пропащий

вид, опыт не прибавляет, еще граммулю бы
залить, смели подчистую, балка
на долбанутом кронштейне, искал кому бы тут
залепить, жарень, и сицилиана, банный

weeps, no reason to run off
to timbuktu, she has been given, the sword-belt

creaks, two pyrrhics, such bullshit,
the kenning that bard's composing
is getting pretty crooked, she has been given, the ferryman
and passengers build bridges, the rabbit

never saw the python coming

experience doesn't help

experience doesn't help, the skin of time
torn off the alarmclock, a chill, got burnt again,
strength and wisdom—for what, such a schmuck,
what kind of love is that, a squinty smile,

smerdyakoviness, quack-duck, the loaf
cut hurriedly, after the shift, people bolted,
the troglodytes, said sweet nothings to a chatterbox, were there a scepter
staff and scroll, completely bonkers

the driver tore it up, rashly let slip
about the quickie, experience doesn't help, the guy
got hitched, cigarette holder, hunting whip, be more careful
in relationships, he seems dazed, lost

look, experience doesn't help, if only there were
another drop, swept clean away, a beam
on a messed-up bracket, he looked for someone
to punch, heat, aria siciliana, bathing

день, она трепло то еще, но миляга, клейкая
пшенка, ее назойливо домогался
годами, опыт не прибавляет, ее коленками
сыт не будешь, брехня это все, рогатка

куда ни кинь, симпатизируя отказала хоть
и могла по другому, съели уже, дудки,
на кровати сидела, без всего, заказчики
всегда правы, все съели, мимо идущий

козу показал, засветло

ненужные поверхности

ненужных поверхностей кривда, с прицепом
дергач, пререкался в благих целях,

пристрастился к спиртному, натужно боров
опростался, ненужных поверхностей обработка

термическая, перед нею филонил, жахнул
две-три порции, сплоховал, еще нажалу-

ется хрычовка, железистое обожанье
ненужных поверхностей, не проскоблить кинжалом

ровнехонький желобок, лоханулся, с миру
по нитке тянул, так облажаться, ломиться

даже не в дверь, в перекошенную рожу
ненужной поверхности, с облучка, без подорожной,

day, she's a major windbag, but a cutie, sticky
kasha, he courted her, obtrusively,
for years, experience doesn't help, you won't be satisfied
with her knees, damn lies, obstruction

wherever you look, sympathizing, she refused,
though she could have done otherwise, already ate it, no way,
sat on the bed, completely bare, the customers
are always right, ate it all up, a passerby

made the goat-sign, at sunup

unnecessary surfaces

the untruth of unnecessary surfaces, an engine
with a trailer, bickered with good intensions,

developed an affection for spirits, the boar, straining,
relieved his bowels, thermal treatment

of unnecessary surfaces, with her he acted interested,
downed two-three shots, blundered, the hag

will like as not complain, adoration of unnecessary surfaces
leaves an iron aftertaste, can't plane a level

duct with a dagger, he screwed up,
earned a penny on everyone, to botch it like that, break down

not even a door, but the twisted mug
of an unnecessary surface, from the coach box, without traveling papers,

кое-как, наклюкался сильно, спондея
не удержать и дрожащей, с исходной действо

не задалось, да не парься, попалась давалка
ненужных поверхностей, в шалмане свадьба

гуляет, эргону прикинуться лестно
энергейей, ненужной поверхности плесень

зацветает, приступка узка, подрясник
мал, гудят логаэды, разрыхленные грядки

прополоты явно так сяк, борона ржавеет
поодаль, дни удлинились, веялка под навесом

завалилась, ненужных поверхностей ловчий
зазевался, прицелился егерь, грубо проломлен

еще один лишний проем

правильные решенья

их отношенья породили немало
недоуменья, сплетен, ругани и смеха,
они были выше этики, за гранью нормальных
чувств, вне всего, не особо заметны

он без труда порождал решенья
правильные, хоть и поспешно, таков матезис,
она требовала любви, что не пришей ру-
кав, он только любовь и предлагал, потеха

somehow, got trashed, can't hold a spondee
in his trembling, from act one

the action didn't catch, chill out, came across the girl who puts out
unnecessary surfaces, a wedding party romps around

the dive, ergon feels flattered to pose
as energeia, the mould on unnecessary surfaces

blooms, a narrow step, the undercassock's
too short, the logaoeds drone, the hoed flowerbeds

weeded just so-so, the ploughshare yonder
rusts, the days grown longer, the winnowing machine

below the awning has collapsed, the harborer of unnecessary surfaces
got distracted, the jaeger aimed, another redundant archway

brutally sundered

the right decisions

their relationship engendered more than a little
bewilderment, gossip, quarrel, guffaws
they were above ethics, beyond the realm
of normal feelings, beyond everything, not particularly noticeable

without effort, he engendered the right
decisions, if hastily, such was the mathesis,
she demanded love like a silk purse,
he offered only love, what a riot

она у мужчин порождала аффекты,
сама к тому не стремясь, так получалось,
не кремень и не нытик, не крокодил, не конфетка,
от напрасных обид крутила со всяким мучачой

их отношенья выгляделы порожденьем
социальных условий, экономики секса,
политики искренности, недостатка денег,
особенностей дня, перемотка кассеты

с неважной киноэкранкой

поддавая носком

кукловод не за ту дырку дернул
поддавая носком что придется
извели непонятного излишек
зря на свинтуса того злилась

по злобе образумилась разве
поддавая носком все что трахнул
с неохотой, попусту матерясь и
зря окрысилась на лоботряса

поддавая носком непреложность
пачкотня пузана, сошли с илота
семь потов, наивняк, зефир дунул
все сивушное, сгнило в кадушке

идеал содомский, одна заварка
зря с тем олухом расплевалась
поддавая носком все что жалко
наезжал на слабака, где-то жатва

she engendered affects in men
without trying, it turned out that way,
neither a tank nor a wet blanket, nor a rotten egg, nor a peach,
unfounded offences sent her spinning with any muchacho

their relations, it seems, were engendered
by the social conditions, economics of sex,
politics of sincerity, lack of money,
particularities of the day, the rewinding of the tape,

some pirated screen copy

giving the boot

the puppeteer yanked the wrong hole
giving the boot to whatever comes
they've gotten rid of the puzzling excess
too bad she got pissed at that swine

seems she grew wise in malevolence
giving the boot to everything he fucked
unwillingly, uselessly cursing and
too bad she chewed out that lazybones

giving the boot to cogency
the soilspots of a toddler, it cost that helot
blood, sweat, tears, a rookie, a zephyr
blew, it's all bad booze, rotted in the barrel

the sodomic ideal, only wet tea leaves
too bad she got into a spat with that fool
giving the boot to everything pitiful
blew up at the dweeb, somewhere there's a harvest

сам себе не господарь, володыка
Xanadu и Озимандия, что надыбал
поддавая носком по наклонной
поэтажно, паства зрячая, лодырь

с элегансом, откормился анчаром
зря права на проходимца качала
не свести синячину на ворюге
по ту сторону тихонько трюхал

проступили стигмы, смычка тугая
зря того дуремара домогалась
пережженная арабика в турке
поддавая носком все что стухло

сегмент рынка охвачен, щедротохищник
одичал, улитка в кастрюльке, хилый
эйдос надтреснут, дешевая «Dosia»
израсходована, возлежание долго

в музейоне, мозжечок все переборет
поддавая носком—и не бьется
ни в какую, колотун, пясть озимых
зря вообще завела с тем разиней

зря на море так и не отдохнула
клюшки взмах, поплелся ханурик
в диспансер, просчитался октавой
поддавая носком все что стало

в копеечку, да не ту

not his own master, sovereign
of Xanadu and Ozymandias, whatever he grabbed
giving the boot to it, kicking it down
floor by floor, the flock can see, an idler

with elegance, feasted on anthiaris
too bad she got righteous on the vagabond
can't erase the black-and-blue mark from the thief
on the other side, he slinked away

the stigmata showed, tight connection
too bad she desired that Duremar
burnt Arabica in a Turkish coffee pot
giving the boot to everything that stinks

a segment of the market cornered, generousaurus
gone wild, snail in the saucepan, sickly
eidos cracked, a cheap bottle of Joy
used up, a long time lying

in the ole museum, the cerebellum masters all
giving the boot—and it don't break
under any—the shakes, handful of winter crops
too bad she took up with that gawker

too bad she didn't chill out at the beach
waving a golfclub, the loser meandered
into the clinic, played in the wrong octave
giving the boot to everything that cost

a pretty penny, but not that penny

[RB]

ИСТОЧНИКИ РАДОСТИ

приложенный квиток

квиток оторван, очистить от спорыньи
муку не просто, пыхтит гребчиха
два долбоеба спелись у пивного
ларька, авторитет подорван

пошел на попятную, на гребне
успеха захапал, сладкая парочка
спиртягу гоняет, совсем спятил
худрук спаянного коллектива

в руце надорванный квиток
горит исхлестанная ланита
о неправедном возопил, в ответ
раздаваться будет одно ну что ты

загрязненье среды, буркалы
вращаются, на стремянке
маляр орудует, круто взялись
муха возле арбузной корки

самаритянку гонят метлой
из дома, билет казначейский
скомкан в руке, квиток приложен
куда не надо, смята манишка

книжный червь распрямился, готов
«Доширак», кругом гоп со смыком
голова квадратная, выше крыши
безрукавка скроена по фигуре

FOUNTS OF JOY

a stub, enclosed

stub detached, no piece of cake
sifting the chaff from the flour, the crew chick pants
two fuckheads find harmony by the beer
kiosk, subverted authority

beats retreat, made a grab
on the crest of success, sweet couple
downs the hooch, the artistic director
of a tight team lost his marbles

a stub detached upon his palm
the stricken cheek burns bright
bewailed unrighteousness, in response
will sound only Oh come now

environmental pollution, peepers
revolve, housepainter performs
atop stepladder, went to town
a fly circles the melon rind

Samaritan woman expelled
with a broom, hand crumples
Treasury bill, a stub attached
where the sun don't shine, shirtfront is wrinkled

the bookworm stood up and walked
ramen is ready, forced entry everywhere
hangover head, over the top
the sweatervest fits the figure

история вышла

1

история вышла, выехали на шашлыки
бывшие сокурсники, друзья по институту
взяли шампуры, проржавевший мангал
вино молдавское, вымоченное мясо
контейнер с пивом, минеральной воды
две пластиковые бутылки, даже салфетки
бумажные, огурцы домашней засолки
мазь от комаров, для растопки газету «МК»
курева пачек шесть, аудиокассеты
недорогую водку, хотя спирт «Люкс»
жаловали не все, но плачущие финансы
не позволяли взять «Русский стандарт»
затарились грамотно, отвертку
перед выездом хлопнув, уселись
в свежевыкрашенный «опель», его вел
удачник, выбившийся в мелкий бизнес

2

твердо знавший, зачем небо коптит
кроме него, в салон четверо уместились
трое пробовали себя в коммерции, в торговле
она жила еще на родительские деньги
прекрасный пол здесь представляла она одна
ее это радовало, везунья, чуточку смущало
наличье подружки снизило бы нежелательный
эффект повышенного к ней вниманья
но лишняя конкуренция ей ни к чему
к тому же, с тремя из присутствующих здесь
интимные отношения она уже практиковала
разной длительности, с результатом одним

as it turned out

1

as it turned out, they went barbecuing
former classmates, college buddies
packed the skewers, the rusty grill
Moldavian wine, marinated meat
a cooler of beer, two plastic bottles
of mineral water, even paper
napkins, homemade dill pickles
mosquito repellant, a tabloid for kindling
six packs of smokes, audiocassettes
inexpensive vodka, though not everyone relished
ethyl alcohol Deluxe, pathetic finances
did not allow for Russian Standard
all in all a choice inventory, downed a screw-
driver prior to leaving, got into
a freshly painted Opel, the guy that drove it
lucky bastard who broke into small business

2

knew for sure why he took up space
besides him, the car fit four
three had tried themselves out in trade, in commerce
she still lived off her parents
here she alone represented the fair sex
lucky girl, she was tickled by it but also abashed
the presence of one of her girlfriends would have reduced
the uninvited intensity of attention towards her
but she had no use for the superfluous competition
moreover she had already practiced
intimate relations with three of those present
of differing duration but with the same result

вечно ей от партнера чего-нибудь не хватало
с четвертым не пробовала, сработал инстинкт
предохраненья от необязательного, почему
он так бездействовал в трех остальных

3

она себе объяснила отсутствием опыта
молодостью, любопытством, шилом в, жалеть
было не о чем, нечем и восхищаться
припарковались у озера, место, отведенное для
загородного досуга, от многочисленных костровищ
земля здесь успела побуреть, порыжеть, стать
белее виска фандорина иль памяти о неприятном
столь же пошловатой, приспособленной под вкус
среднего потребителя, мамки с коляской
хозяина жизни с тощей, подиумной женой
четы пенсионеров, с чудом техники, радиолой
вышли, выгрузили снедь, отправились искать
дощечки, щепочки, деревяшки, ее помощь
явно не требовалась, прихватив баночное пиво
она решительно направилась по тропинке
буркнув, схожу в кусты, чтобы не приставали

4

с лишними, мужчины, занятые добычей огня
обычно на женщин вниманья не обращают
ее уведомленье оставили без должного ответа
минут через десять выбралась на берег ручья
заросшего, даже мобилизовав арсенал
скудных познаний в сфере ботаники, она вряд ли
назвала б и десятую часть шевелящейся пестроты
представленной местной флорой, в ее памяти всплыли
кувшинка, лилия, лютик, анютины глазки, еще рассказ

with each partner she felt something wanting
she didn't try it with number four, what kicked in
the instinct of protection from the unnecessary, why
it lay dormant in the three other cases

3
she explained to herself, lack of experience
youth, curiosity, ants in, there was nothing
to regret, nothing to admire
they parked by the lake, on grounds allotted
to recreation outside city limits, the many fire pits
had already colored the earth brown, ochre, turned it
grayer than a detective's temples or an unpleasant memory
and just as vulgar, conforming to the taste
of the average consumer, mom with stroller
boss with gaunt model-quality wife
pensioner couple with miracle of technology radio
they got out, unloaded the victuals, went to forage
for wood chips, planks, sticks, her assistance
clearly not required, she grabbed a can of beer
with determination set out on a footpath
grumbling, I'm going into the bushes, so they don't bother her

4
with questions, men occupied with the quest for fire
generally pay no attention to women
her notification was left without proper response
about ten minutes later she clambered out on the overgrown
bank of a stream, even mobilizing her meager
arsenal of botanical knowledge, she hardly could have
named one tenth of the motley quivering mass
presented by the local flora, in her memory there surfaced
lily, water lily, buttercup, pansies, also the story

одного из недавних любовников о его встрече
с первой женой, покорила она его, перечислив
не запинаясь, названия всех кустарников, деревьев
потом, он добавил, оказалась обычной стервой
грустно, она закурила, прилежнее относясь
к школьному курсу наук, вдалбливаемым знаньям
она бы увидела мир наполненным куда большим

5

количеством предметов, а так, городской ребенок
брезгуя сблизиться с надоедливой трескотней
осторожно ступила на покатый, водой облизанный
камень, сняла футболку, оборвала висящую нитку
вот гады, подумала, бессовестно лепят халтуру
скинула джинсы с кармашками на брючине
синтетические трусики, одежду в траву сложила
себя оглядела, вес в норме, неплохая фигура, да
живот плоский, третий размер груди, два изъяна
острые бедра, выпирающая тазовая кость
и соски продолговатые, похожие на сигарки
еще девочкой дико своего сложенья стыдилась
в зеркала не смотрелась, жутко комплексовала
второй, особенно третий опыт ее приободрил
поняла, мужчину берут вовсе не плавным изгибом
бедер, вовсе не совершенной формой груди

6

чем-то другим, неправильным, острым, специальным
мужская, хищная ладонь на ее выступающей кости
ее убедила, зря она в юности себя задвигала
секс-бомбой она не считалась, не была нарасхват
пользовалась устойчивым, вполне объяснимым спросом
мысль ее перескочила, хватит доить семью

told by one of her recent lovers, of how he met
his first wife, she won his heart by reciting
without falter, the names of all the trees and shrubbery
later she turned out to be an ordinary bitch, he added
how sad, she lit up, had she been more assiduous
with the curriculum, the rammed knowledge
she would have seen the world as brimming with more

5
objects, but instead, a child of the city
disdaining to open to tiresome clatter
she stepped cautiously on the sloping, water-licked
rock, took off her tee, tore out a loose thread
the bastards, she thought, the crap they make
removed her jeans with the side pockets
polyester panties, folded the clothes on the grass
looked herself over, weight is the norm, body decent, yes
flat stomach, 34C, two defects
skinny hips, protruding pelvic bone
elongated nipples resembling cigarillos
as a girl, she was wildly ashamed of her figure
stayed away from mirrors, totally had a complex
her second, especially third experience reassured her
she understood, men are caught not by the soft curve of a hip
not by the perfect shape of the breast

6
but by something other, asymmetrical, sharp, particular
a male, carnivorous hand on her jutting haunch
persuaded she'd been a fool to keep herself back
she never passed for sex bomb, wasn't going like hot cakes
yet enjoyed stable, quite explicable demand
her thoughts shifted, time to stop milking the parents

пора уже определиться, найти неплохую работу
школьная подруга звала оператором в банк
платили достойно, захаживали богатые клиенты
ее все же пугало целый день в помещенье одном
надо б еще погулять, до утра посидеть в пивнушке
с другой стороны, и замуж пора, еще
два-три года, языком слизнет яркость и красоту
молодость, энергию, умение жить на арапа
на нее всем телом навалилась такая грусть
примерно также было тогда, подвыпивший любовник

7

грубо, жестоко ее повалил, что я тебе сделала
инстинктивно спросила, увидев его перекошенное
отсутствующее выражение, отвернулась, бесполезняк
наутро его поругала, нажрался в хламину
долго ее преследовал прилипучий озноб
так и теперь, ощутила полнейшую бесполезность
здесь нахожденья, также всего остального
в первый раз такое, шок, озарение, провидняк
в обществе риска, безграничных возможностей
социальной мобильности, частных инициатив
число выигрыщных ситуаций лимитировано так четко
она, друзья ее, с боку припеку, попросту не поспели
себя грамотно предложить, собой распорядиться
вовремя место забить, просечь коньюнктуру
дальше ее не раз и не два пригласят в ресторан
в иномарку посадят, возьмут на прием, угостят ликером

8

но прежней радости, неги, довольства ей не видать
как своих ушей, она все прошляпила, упустила
не трагедизируй, сказала себе, утрясется, войдет

time to settle down, find a decent job
a girlfriend from school offered her work as a bank teller
paid deservedly, she might even meet a rich client
still, she was scared of being cooped up all day
have a little more fun, a little more wee in the wee hours
on the other hand, it's time to get married, two-
three more years and pop go her looks
youth, spunk, know-how for the life of Reilly
then sadness bore down on her with all its weight
more or less like that time when a plastered lover

7

cruelly, brutally threw her down, what did I do to you
she asked by knee-jerk, seeing his twisted
absent expression, turned her head, it was useless
in the morning she let him have it, fucking pathetic drunk
for long time after she got the chills, felt gross
now also, she entered the total uselessness
of being here as well as of everything else
for the first time such shock, enlightenment, break through
in risk society, society of endless opportunities
social mobility, private initiatives
the set of winning combinations is so clearly finite
they, her friends along for the ride, just didn't succeed
selling themselves properly, getting their ass in gear
seizing a seat at the table, grasping the market trends
later she'll get taken out on the town not once and not twice
driven in a foreign make, brought along to a reception, wined and dined

8

but that's it for her former kicks, pleasure, contentment, she'll sooner
see the backs of her ears, fell asleep at the switch, let it slip by
don't be a drama queen, she said to herself, it'll settle, get back

в колею, и на твоей улице будет праздник
надо только сгруппироваться, не позволять раскисать
твердо решить, как поступить с той несчастной парой
джинс, на них умудрилась поставить пятно
оливковым маслом, его и «Тайд» не отстирает
натянула одежду, обратно тем же путем
побрела, один из попутчиков желчно ее известил
представляешь, история вышла, взяли шампуров набор
слишком больших, не для того мангала
она пожала плечами, не держала свечу, когда
из кладовки хламье и дребедень извлекали
мужики так инфантильны, нужен глаз да глаз
в животе забурчало, здорово проголодалась

удаленный порт

порт удаленный не отвечает
дешевое порево изо всех щелей
на добровольно вставшего в угол
собак понавешано

держал ухо востро, на свет
видно только плохое, прохлопал
самое важное, на стул
плюхается чувиха

попридержали ценный товар
возомнил о себе невесть что, пава
научилась динамить, карман шире
не стоит держать

on track, on your block too there'll be a party
compose yourself, don't fall to pieces
firmly decide what to do with that miserable pair
of jeans, she had managed to stain them
with olive oil, even Tide won't wash it out
pulled her clothes on, found the same
way back, one of her companions grunted to her
can you imagine, the skewers we took were too big
as it turned out, meant for another grill
she shrugged her shoulders, wasn't holding the torch
when they hauled the junk out of the closets
men are so childish, have to keep an eye on them
her stomach rumbled, she felt hungry as hell

remote port

the remote port is not responding
cheap thrills from every crack
accusations dog whoever
volunteers for punishment

pricked up his ears, light
reveals defects, crucial info
fell on deaf ears, a dudette
plops down on a chair

they withheld valuable goods
it went to his head, that diva
learned to hold out, please
don't hold your breath

удила отпущены, лез на стенку
по своим делам, приласкал мордаху
музейная шваль, откуда берется
познавательная ценность

навязал свое мнение, оставили
с носом, брешь образовавшуюся
заткнул еще одной брешью, в тот дом
регулярно названивал

трясутся поджилки за просто так
собачница возится с пометом
между женой и мужем давно
ничего, чистая спаленка

своего не упустит, голова на плечах
есть, переходник не подходит
подловил на слове, связала
судьбу не с тем человеком

отрубилась быстро, растет приток
беженцев, скорчена рожица
разноцветные смайлики, дает знать
принятое на грудь

остался задел, от пустой трескотни
заложило уши, по женски
поступила правильно, заворчала
будто старая кошелка

вид опущенный, под нажимом
оружие сложено, но не заржавело
к удаленному порту нужен подход
досягаемость штука важная

no holds barred, clawed at the walls
from multitasking, petted the babyface
museum gunk, what is
the origin of educational value

forced his opinion on, left
panting in underpants, shut one breach
by opening another, regularly
rang up the house

his knees shake just because
the dog lady messes with the little turds
it's been a long time nothing
between this husband and wife, pristine bedroom

misses no opportunity, got a head
on his shoulders, the adaptor doesn't adapt
held him to his word, committed
herself to the wrong person

she zonked out, the inflow
of refugees gathers steam, grimace face
multicolored smileys, the imbibed
makes itself known

beginnings remain, empty chatter
clogged the ears, did the right thing
according to women's logic, took to bitching
like an old bag

fallen looks, arms laid down
under pressure did not rust
need right approach to remote port
approachability is a major thing

много разного

1

читатель разглядывает гору книг
много разного он из них разузнал когда-то
много сведений, толковых теорий, больших идиом
много точных и правильных наблюдений
теперь эти источники сомнения и тревог
пылятся, свалены в груду в углу, на стуле
читатель себе удивляется, вот книгожор
сколько ему довелось перечитать, чихая

2

смахивает с верхних обложек пыль
последнее время он ленится что-то
много читать, познавательный пыл
отодвинут на задний план срочной
работой, предел восприятия также не
безграничен, теперь книга ценна ему
не тем, что вложили в нее ум
честолюбие автора, его гений

3

совсем иным—тем состояньем
или той ситуацией, когда эта книга лежала
у него, читателя, на коленях
иль перед ним на столе; книга в его
памяти вызывает ассоциации с моментом
прошлого, отведенным ее чтению
внимательному, урывками
взахлеб или по диагонали

lots of different things

1

the reader scrutinizes a pile of books
he found out lots of different things from them once
lots of information, many sensible theories, big idioms
lots of correct and precise observations
now these springs of doubt and anxiety
gather dust, piled up in the corner, on a chair
the reader is surprised at himself, what a bookhead
how many of them he managed to read through, sneezing

2

he flicks the dust off the top covers
he's been feeling too lazy of late
to read much, educational ardor
put on the back burner by
deadlines, he can absorb only
so much, now he values a book
not because of what the mind, the vanity of the author,
his genius had put into it

3

but for something else entirely, the condition
or the situation when the book lay
on his, the reader's, knees
on in front of him on the table, the book triggers
associations in his memory of the moment
in the past allotted to reading it
carefully, in snatches
unable to put it down, aslant

4

каждой книге по своему он благодарен
она позволяет вспомнить приятное иль дурное
эту вот он читал на дачной террасе
сырым летом, страдая от неразделенной
вот эту—блаженствуя в экспрессе
«евронайт», во втором классе, ему на плечо
склонила головку с естественно золотыми
красавица, в его полном распоряжении

5

две эти книги в его памяти зарифмовались
первую он читал почти декаду тому
на скамейке в имперском парке, его спутница
лет двадцати склонилась над
учебником итальянского, проходившая мимо
приветливая женщина средних лет
восхитилась, какая красивая пара
пожелала им счастья, не помогло

6

годы ушли чтобы разойтись, скандал за скандалом
вторую книгу читал он на той же скамейке
в том же парке, месяца три назад
подружке его теперь было лет восемнадцать
не приучена к чтенью, его дергала, крутилась
их завидя, женщина под шестьдесят, радушно
решила сделать ему комплимент, какая
у вас красивая спутница, не преминула

4

in his own way, he feels gratitude to each book
it allows him to remember the good and the ugly
this one here he read on the terrace
during a soggy summer, suffering from unrequited
and this one, blissful in a EuroNight
express train second class, a real picture
of beauty with natural goldylocks leaned her
head on his shoulder, fully at his disposal

5

these two books hooked up in his memory
the first one he was reading almost a decade ago
on a bench in an imperial park, his
twenty-year-old companion bent over
an Italian textbook, one passerby
an amicable middle-aged woman
was delighted, what a beautiful couple
wished them happiness, didn't help

6

it took years to separate, row after row
the second book he had read on that same bench
in that same park, roughly three months ago
now his girlfriend was about eighteen
not adept at reading, she tugged at him, fidgeted
a woman in her late fifties saw and warmly
decided to pay him a compliment, what
a lovely young lady you're with, didn't fail

7

обещать им счастье, но промахнулась
уже две недели как разбежались
вот с этой книгой связаны тягостные минуты
часами читал ее в холле больницы, сидя
у кабинета, где консультация проходила
безнадежный диагноз, поставленный очень
близкому человеку, должны были подтвердить
или опровергнуть, шрифт расползался

8

еще одну книгу возил в поход
студенческий, на байдарках сплавлялись
другую он захватил в поездку
в Америку, удобный карманный формат
эту он взял почитать, так и не возвратил
по забывчивости? она не понадобилась владельцу?
эту оставила у него, погостив
заезжая девушка с туркменскими кровями

9

подарок? напоминанье? наразборчивый знак?
в молодости он зачитывался, глотал
серьезную литературу по истории
философии, гуманитарным, иногда
и точным наукам; не то усталость
не то спесь накопилась, переводной детектив
в популярной серии отложен на самом
интригующем месте, он не узнал, кто убийца

7

to promise them happiness, but shot over
it's already two weeks that they went their ways
this book is associated with difficult moments
for hours he read it in the hospital waiting room
near the office where the consultation was happening
a hopeless diagnosis given a person
very close to him, had to be confirmed
or overturned, the type kept blurring

8

one more book he took along while camping
with fellow students, they went kayaking downriver
another he packed for a trip
to America, convenient pocket edition
this one he borrowed but didn't return
because he forgot? because the owner never asked for it back?
a visiting girl of Turkmen origin
left this one at his place after she stayed there

9

as a gift? a reminder? an indecipherable sign?
in his youth he read rapturously, devoured
serious works on history
philosophy, the humanities, sometimes
even the hard sciences, then there came
either exhaustion or arrogance, a foreign whodunit
from a best-selling series was laid aside at the most
suspenseful point, he never found out who the murderer was

10

читатель сдувает пыль, несколько книг
ни с чем не связаны, ни о чем не напоминают
их тоже он прочитал, с интересом, решил
подарочным, иллюстрированным изданьям
здесь не место, переложил их на
свободную полку шкафа, свет палевый
мобильник уже минуту переливчато надрывался
он ответил, да, да, конечно, приду

контрольный вес

под контролем вес, ливера
толстый кусок, регрессия к состоянью
летит вверх тормашками, козел
домогается большего

росинку маковую дерет
кто ни попадя, стырил
плохо лежащее, в атриуме
приятная расслабуха

надорвали животики от, муха
хавает все живое, псяра
повизгивает, в огород
камень не попадает

позеленел от рвения, взор
потуплен, аврора
вырвала на, старатель
запарился на прииске

10
the reader blows the dust away, some of the books
have nothing to do with anything, don't recall anything
he had read them as well, with interest, he decided
that illustrated coffee-table editions
belong elsewhere, moved them to
another space on the bookshelf, straw-colored light
the cellphone had been trilling insistently for some time now
he said, yeah, yeah, of course, I'll be there

monitoring weight

monitored weight, thick chunk
of liverwurst, regression to a state
flies upside down, the jackass
insists on more

first-comers fight
over crumbs, he lifted
the thing asking for it, opportunities
to chill out in the atrium

split their sides with, the fly
chows on anything that moves
a bitch yelps, the first stone
misses the bush

turned green from zeal, eyes
downcast, dawn
vomited over, the gold-digger
at the end of his rope on the prospect

срубил по быстрому, на крюке
дождевик болтается, крайний
в очереди кивнул, парочка
узаконила отношенья

лежанка взята на прокат
свинячит на первой кнопке
фабрика звезд, калитка
открывается внутрь

смазано вазелином, кегль
ужат вроде до максимума
наезд, скатан у основанья
порванный презик

вес под контролем, полный заскок
человек башкою качает
ну извини, вмазал, пригреб
непослушный вихор приглажен

made a killing, raincoat is dangling
off a hook, the last guy
in line nodded yes, a couple
legitimated their relations

beach chair is rented out
starsearch pigsty
on channel one, this gate
opens in

smeared with vaseline, font size
shrunk kind of to the max
harassment, torn at the top
a condom becomes a lifesaver

weight monitored, total freak-out
guy shakes his head
well sorry, jumped in and got mine
unruly cowlick slicked down

[EO]

ВЫНЬ ДА ПОЛОЖЬ

1

вынь да положь, да зажуй
человек в черном плаще
смотрит, на лестничной клетке
разминулись ребенок

паралитик, в коляске
и террорист чеченский
кто они, жертвы системы
или части ее, вот вам встряска

2

вынь да положь, да зажми
человек в черном плаще
смотрит, где бы подрочить
ты же солдат, говорит себе

но солдат, замыкающий
ряд, и выламывающийся
из ряда солдат, суть одно
и то же, супчик говяжий

WHIP IT OUT

1

whip it out, yeah, eat it up
a man in a black raincoat
sees, in the stairwell
they cross paths, a child-

paralytic in wheelchair
and a Chechen terrorist,
what are they, victims of the system
or a part of it, there's a shock for you

2

whip it out, yeah, get a grip
a man in a black raincoat
looks around, where to jerk off,
you're a soldier, he tells himself,

but a soldier bringing up
the rear and a soldier breaking
rank, are in essence
the same: beef soup

3

вынь да положь, да послюнявь
человек в черном плаще
смотрит на манну небесную
размазанную по земле

и мозолит глаза пейзажу
всему, заколоченному продмагу
отощавшей дворняге, бородачам
на жердочке, жуткое похмелье

4

вынь да положь, да наверни
человек в черном плаще
смотрит на руки женщины
азиатки, тонкие, без единой

родинки, если сдунуть с них
пыль безнаказанности, то
все перемелется, труха будет
на полу, стиль собачий

3

whip it out, yeah, spit on it
a man in a black raincoat
beholds the manna of heaven
spread all over the earth

an eyesore to all the land,
to the boarded up convenience store,
the emaciated cur, the bearded geezers
on their perch, a brutal hangover

4

whip it out, yeah, dig it
a man in a black raincoat
looks at the hands of a woman,
Asiatic, thin, without a single

blemish, if you blow off the dust
of impunity, everything
is ground to dust, flakes to the floor,
the style: doggy

5

вынь да положь, да протолкни
человек в черном плаще
смотрит на слаборазвитую
грудную клетку, принадлежащую

неизвестному, если увяз во вранье
тронуть сердце чужое
можно только большим враньем, нарыв
нагноился, глаза щиплет

6

вынь да положь, да приспусти
человек в черном плаще
смотрит на зданье СИЗО
номер расплывчат, внутри

совершившие преступленье
против, там свои законы, разводы
и свиданки, происхожденье видов
насилия туманно, для посвященных даже

5

whip it out, yeah, pack it in
a man in a black raincoat
looks at the undeveloped
ribcage, belonging to

an unknown, if caught up in lies
it will take bigger lies
to touch another heart, the abscess
festers, eyes burn

6

whip it out, yeah, get off it
a man in a black raincoat
looks at the prison building,
the numbers blurred, within

are those who have committed
crimes against, different rules apply,
break-ups, trysts, the origin of the species
of violence is vague, even for the saints

7
вынь да положь, да нагадь
человек в черном плаще
смотрит на волосок
сантиметров пятнадцать, кто

его обронил, мать-одиночка
иль террорист чеченский
какой персонаж эпохи
неприятной, еще посюсюкай

8
вынь да положь, да прикинь
человек в черном плаще
смотрит на тех, кто
выбрался из-под завала

затем на тех, кто из-под завала
не выбрался, кого несут на носилках
туда и дальше, он выкатывает
зенки, удивленья достойны

7

whip it out, yeah, take a dump
a man in black raincoat
looks at a hair
fifteen centimeters long, who

let it fall, lonely-heart-mother
or Chechen terrorist,
what unpleasant character
of this epoch, coochicoo after that

8

yeah, whip it out, catch the drift
a man in a black raincoat
looks at the ones who
pulled themselves from the wreckage

then at those who didn't
get out, whom they carry on stretchers
there and further on, he opens his eyes
wide, deserve astonishment

9

вынь да положь, да прикуси
человек в черном плаще
смотрит на трепыханье моржа
в проруби, на литого братка

строящего рынок, на булку, крошенную
голубям, набухший сосок
прижимает губами, переваривает
узнанное, не сказать, чтобы вкусно

10

вынь да положь, да профигачь
человек в черном плаще
смотрит на гимнастические
снаряды, прыгает через козла

девичье тело, напрягается
естество у подглядывающего
туристы на смотровой площадке
столпились, продолжал отжиматься

9

whip it out, yeah, take a bite
a man in a black raincoat
watches the swimmer
thrashing in ice, the jacked-up gangster

organizing the market, white bread
crumbled for pigeons, lips pressed
to the swollen nipple, digests
the recognized, can't say it's tasty

10

whip it out, yeah, fake it
a man in a black raincoat
looks at the gymnastics
gear, a girlish body

leaps over the vault, the
voyeur's organ tenses
tourists have jammed
the square, kept up the push-ups

11

вынь да положь, да пригвозди
человек в черном плаще
смотрит сам на себя, красавец
самец, ему дадут и на этом

месте и там, куда он поедет
дальше, что-то, а брать
он умеет, моченая клюква
в тазике, выбор огромен

11

whip it out, yeah, nail it down
a man in a black raincoat
looks at himself, what a
stud, they'll give it to him

right here, and where he's going
further on also, and he knows
how to take it, sour cranberries
in a soaking bowl, the choice is huge

[RB]

ДЛЯ ГАЛОЧКИ И ДЛЯ

спертый музон

спертый музон в прокуренном зале
сестра ебанько перебирает фотки
прошлое счастье двигается зигзагом
в направленье нового, худшего, но с форма-

ми отпадными, кожа с одеколоном
словно с моникой клинтон, голландец
бестолку летает, целочку взгляд голодный
провожает, и пущены слюни свободно плавать

желтый стикер

о чем напоминает стикер, желтый
на белой стенке? о батарейке севшей
и требующей замены? иль о лажовой
обязанности заботиться? что в одну из секций

универмага вдруг завезли дефицитный
товар? или что негуманный поступок
взывает к ответной реакции? о цифрах
чью-то жизнь датирующих? или о прочих штучках

FOR THE CHECKMARK OR FOR

stifling tunes

stifling tunes in the smoky room
sister ninny flips through photos
past joy is moving in a zigzag
towards a new one, a worse one, but with a killer

figure, eau de cologne on skin
like Monica on Clinton, a Dutchman
flies about aimlessly, a voracious look
accompanies the "virgin," drool ejected to float freely

yellow post-it note

what does the post-it note recall, yellow
on a white wall? that a dead
battery wants replacement? or some bullshit
obligation to take care of? that suddenly in one

of the sections of the department store
scarce goods were delivered? or that an inhumane act
invokes a reaction? the numbers
dating someone's life? or other thingies

коллектив несъеденного

бок отлежав, тлену родственная фрикаделька
на дне кастрюли жмурит зрачок склизкий
на скорую крышку, вспоминает, о чем пиздели
обедавшие, ей не за горами влиться

в коллектив несъеденного, заиндеветь позорной
плесенью, провонять, по непреклонной стенке
мусорного пакета растечься, согласно КЗоТу
получить компенсацию за послушную течку

безадресное чао

кому адресовано чао? работнице фабрики ткацкой
втридорога снятой в даун-тауне ночного
Шанхая, иль полоумной немочке-практикантке
почему-то отвергнутой, видимо, ноги

не совсем правильной формы, или злобной физручке
в школьные оны годы учившей прыгать
через козла, учившей, при этом кончая, брусья
сжимать конечностями, такая вот грыжа

the collective of the uneaten

overslept, the meatball, a close relation to rot,
on the bottom of the pot winces its slimy pupil
against the impending cover, remembers what the diners
were ejaculating about, won't have to wait long

to join the collective of the uneaten, frost over with shameful
mold, start stinking, decompose on the fateful
wall of the garbage bag, in keeping with the DOL's rules
get compensation for its dutiful discharge

a ciao to no one

who is the ciao addressed to? to the female worker
at the weaving mill, picked up downtown in nocturnal Shanghai
for tourist rates, or to a half-wit German intern
for some reason rejected, it seems her legs

not quite the right shape, or to the spiteful lady gym teacher
from those school years, who taught how to spring
over the vault, who taught, while coming, how to squeeze
the limbs around bars, what a pain in the

выдержанное под прессом

низость какая, обманутая в лучших
повторяет, какая низость, мерзавчик
раздавленный громыхает, выкрикнутая полундра
подстрекает напрячься и пятиться задом

шухерявших, проданный с потрохами
отпирается подельник, поданная докладная
маринуется под прессом, жертвы джихада
идут на первую полосу, и не прогнать их

от хорошей жизни

из рефрижератора достается слайс
пиццы китайского изготовленья
заморозка на сковородке вся потекла
но не от любви, также две котлеты

куриные вместе ложатся на дно
противня не от хорошей жизни, домыслив
продолжения их союза, придется нос
зажать двумя пальцами, не изверги мы ведь

held under pressure

what meanness, tricked in her loftiest
she repeats, how mean, the polished off nip
clatters, the cry to watch out
incites the look-outs to tense up and slink

backwards, ratted out, the accomplice
denies everything, report filed
stews under a paperweight, victims of the jihad
make the front page, can't chase 'em off

not out of desperation

a pizza slice of chinese make
is taken out of the refrigerator
freezer crystals flow all over the frying pan
but not out of love, likewise two chicken

cutlets lie together on the bed of a griddle
out of desperation, having imagined
the continuation of their union, we'll have
to hold our nose, we're not savages after all

громкие обещанья

громкое обещанье тихо щебечет в ухо
слова типа правды, пахнуло шанелью
из разверстой поры, тэйбл-герл под мухой
раскрывает карты, и жидкая нежность

обольщенья по подбородку стекает вязким
сиропом, коленка, смазанная зеленкой
подталкивает ладонь ее ухватить развязным
движением прямо за чашечки подленыш

под кирпичом

висящий кирпич шоссе перекрывает
в самом нагруженном месте, гигантская пробка
автомобилистам расслабиться позволяет, сорваться
с цепи обстоятельств, в статике многометровой

испытать динамику диетической колы
булькающей в желудке, кофе без кофеина
согревает внутренности, даже лезя из кожи
вон, проблематично в себе зависнуть

loud promises

loud promise twittering quietly in the ear
a word kind of like truth, the tang of Chanel
out of yawning pores, table-dance girl totally trashed
shows her cards and the liquid tenderness

of seduction drips along the chin as viscous
syrup, the knee, smeared with green antiseptic
nudges the palm to grab it with a free and easy
motion by the kneecap minx

under the do not enter sign

hanging do no enter sign blocks the highway
in its most congested place, a huge jam
allows drivers to relax, to break loose
from the chain of events, in spacious static

to experience the dynamic of diet cola
sloshing in the stomach, decaffeinated coffee
warms up the innards, even crawling out of your skin
it's a problem to get caught up in yourself

нарочно или не

погрузившись в меню, растопырила грабли
в ресторан сведенная ради секса
полная оторва, чтоб избежать парабол
облома, склоняют ее силами всеми

ближе к дому, она нарезать потоньше
просит, подсчитывает за и против
уступчивости, в дог-позиции если и стонет
то перебарщивает, будто нарочно

под песком

в песочнице пылко орудует лопаткой
мелковозрастное чадо, закапывает что-то
под грунт, может, копеечной зубной пасты
размозженный тюбик, может, с давно истекшим

сроком годности выпотрошенный пакетик
от презервативов, может, естественное оправленье
собачонки с лоджии на шестом, может, кетчуп
оброненный хот-догом, в песок все не влезет

deliberately or not

diving into the menu, the wild thang
gets her paws on it, taken to the restaurant
for the sake of sex, to escape the parabola
of a bummer, she's prevailed upon with every

effort closer to home, she asks for it sliced
thinner, considers the pros and cons of
compliance, if she moans when taking it doggy-style,
she overdoes it, as if deliberately

under sand

in the sandbox fervently working the shovel
the tender-aged tot is burying something
in the soil, maybe a squashed tube of penny
toothpaste, maybe a gutted condom wrapper

long past its expiration date, maybe
the bowel movement of the pooch
from the sixth floor balcony, maybe ketchup dropped
by a hot dog, not everything can fit in the sand

просто для галочки

для галочки выполненное заданье
обнажает зад, спуская портки
касается воспаленных миндалин
языком и морщится, куда не кинь

осовелый взгляд везде изуверский образ
изведанного, а за ним перебор
галочек, поставленных, чтобы было удобней
разобраться, кто здесь шестерка, кто босс

just for the checkmark

task performed just to check it off
bares the behind, letting the breeches down
touches inflamed tonsils with tongue
and crinkles the face, no matter where you cast

your heavy gaze everywhere depraved vision
of past experience, and behind it an inventory
of boxes, checked in order to make it easier
to work out who's bottom dog and who's boss

[SS]

ACKNOWLEDGMENTS

Some of these translations have appeared in *Calque, Gulf Coast, St. Petersburg Review, Shark,* as well as the following anthologies: *Crossing Centuries: The New Generation in Russian Poetry,* ed. John High (Talisman, 2000) and *New European Poets,* ed. Wayne Miller and Kevin Prufer (Graywolf, 2008). The editor would like to thank Yaddo and the MacDowell Colony for their help in focusing on this volume. A special thanks goes out to Mikhail Iossel and Jeff Parker of Summer Literary Seminars in Saint Petersburg for facilitating the collaboration between the translators and the author.

NOTES TO THE TEXT

passing the church of the french consulate
1990
from *Homo scribens* (Saint Petersburg: Borey-Art, 1994)
translated by Eugene Ostashevsky

sashenka; or, the diary of an ephemeral death
September 4, 1994 - March 16, 1995
from *Directoriia* (Moscow: Argo-Risk; Tver: Kolonna, 2001)
translated by Eugene Ostashevsky

elementary things
January 10 - 29, 2002
from *Betonnye golubki* (Moscow: NLO, 2003)
translated by Eugene Ostashevsky

the faun and a few
March 14 - 29, 2002
from *Kommentarii*, 24
translated by Rebecca Bella

the revered categories
July 8 - August 18, 2002
from *Betonnye golubki* (Moscow: NLO, 2003)
translated by Rebecca Bella with Eugene Ostashevsky

ABOUT THE AUTHOR

DMITRY GOLYNKO, sometimes Golynko-Volfson, was born in 1969 in Leningrad. Author of three books of poems—*Homo Scribens, Directoriia (The Directory)*, and *Betonnye Golubki (Concrete Doves)*—he has been nominated for the Andrey Bely Prize and translated into several European languages, now including English. In his parallel career as a cultural critic, Golynko defended a PhD dissertation on the Russian post-avant-garde, and frequently writes both popular and scholarly articles about contemporary art and cinema. He recently returned to live in Saint Petersburg after teaching in South Korea and a fellowship at the Literarischer Colloqium Berlin.

Comprehensive collections of Golynko's poems can be found in Russian online at http://golynko.narod.ru/ and http://vavilon.ru/texts/golynko9.html.

ABOUT THE TRANSLATORS

EUGENE OSTASHEVSKY is a Russian-born American poet and translator. Apart from books of poetry published with Ugly Duckling Presse, he edited and co-translated *OBERIU: An Anthology of Russian Absurdism* (Northwestern University Press, 2006), containing work by Alexander Vvedensky, Daniil Kharms, and others.

REBECCA BELLA was born in Boston, studied Russian language and literature at Brown University, and pursued a Fulbright Fellowship in translation in St. Petersburg, Russia. Her poems and translations have appeared in the *Oregon Literary Review, A Public Space*, and the *St. Petersburg Review*.

SIMONA SCHNEIDER is a writer and translator whose work has been published in *The New Yorker, The Brooklyn Rail, The Modern Review* and elsewhere. She contributed translations to *Today I Wrote Nothing: The Selected Writings of Daniil Kharms* (Overlook, 2007).

THIS IS THE FIRST EDITION OF
AS IT TURNED OUT BY DMITRY GOLYNKO
NUMBER 17 IN THE EASTERN EUROPEAN POETS
SERIES FROM UGLY DUCKLING PRESSE

FIRST PRINTING
1,000 COPIES

DESIGN BY DON'T LOOK NOW!
TEXT SET IN MINION
TITLES SET IN LUCIDA GRANDE

COVERS PRINTED LETTERPRESS ON OXFORD PAPER
AND WRAPS PRINTED OFFSET ON FABRIANO PAPER
BY POLYPRINT DESIGN

BOOKS PRINTED ON ACID-FREE PARTIALLY RECYCLED PAPER
AND BOUND BY MCNAUGHTON AND GUNN

WRAPS ASSEMBLED BY ENTHUSIASTS
AT THE UGLY DUCKLING PRESSE WORKSHOP

SELECTED AVAILABLE TITLES FROM

THE EASTERN EUROPEAN POETS SERIES

AT UGLY DUCKLING PRESSE

Eugene Ostashevsky | *Iterature*

Arkadii Dragomoshchenko | *Chinese Sun*
translated by Evgeny Pavlov; with an introduction by Jacob Edmond

Lidija Dimkovska | *Do Not Awaken Them With Hammers*
translated from the Macedonian by Ljubica Arsovska & Peggy Reid

Mariana Marin | *Paper Children*
translated from the Romanian by Adam Sorkin

Ivan Blatný | *The Drug of Art*
edited by Veronika Tuckerová, translated from the Czech by Matthew Sweney,
Justin Quinn, Alex Zucker, Veronika Tuckerová & Anna Moschovakis;
with an introduction by Josef Škovercký

Aleksandr Skidan | *Red Shifting*
translated from the Russian by Genya Turovskaya

Elena Fanailova | *The Russian Version*
translated from the Russian by Stephanie Sandler and Genya Turovskaya

Valentina Saraçini | *Dreaming Escape*
translated from the Albanian by Erica Weitzman

Eugene Ostashevsky | *The Life and Opinions of DJ Spinoza*

Tomaž Šalamun | *Poker*
translated from the Slovene by Joshua Beckman and the author;
with an introduction by Matthew Rohrer

TO SEE OUR FULL CATALOG, SUBSCRIBE, OR PLACE AN ORDER
VISIT WWW.UGLYDUCKLINGPRESSE.ORG